# VATTENSPEGLAR

PASSIONERADE KVINNOR
SOM SKAPAR SVALLVÅGOR
GENOM LIVET

UNFUCK PUBLISHING

# VATTENSPEGLAR

PASSIONERADE KVINNOR SOM SKAPAR SVALLVÅGOR GENOM LIVET

ELEONOR AMORA MARKLUND    EWA DEMAHINA
JESSIKA BJÖRHN    KAJSA LEVANDER
KAREN BRUHN    LOTTA ASSARSDOTTER
MALIN LEDIN    MARGITHA ERIKSSON
MARIA ANDREASSON
MARIE GELLERSTEDT BERGWALL
MIKAELA HULT    MIRA HILARIA MÅRD
YVONNE ANANA KVISTGAARD
CHARLOTTE DELPHI BJÖRNDOTTER

Utgiven av UNFUCK Publishing

Omslag: MUSE Designs

Korrektur: Charlotte Björndotter

Format: Eleonor Marklund

Foto: Författarnas privata om inget annat anges

Tryck: Amazon 2022

ISBN: 978-91-984719-4-6

*Till alla de som någonsin varit för mycket.*

*Fortsätt!*

# OM MEDIAHUSET OCH BOKFÖRLAGET

Som ledare och influencers med ett inre kall är vi starkt motiverade att göra vår del för att höja vibrationen på hela planeten. Vi vet att det är vår födslorätt att blomstra i en verklighet av frihet i alla aspekter av våra liv.

Jag skapade House of Sovereignty för att förena en global gemenskap av andliga rebeller vars mål är att äga sin kraft och uppnå äkta djup frigörelse i livet.

House of Sovereignty är som en fästning som förenar begåvade individer och stärker deras kapacitet till storhet. House of Sovereignty är ett multiplexföretag som innehåller flera grenar - från vårt heliga tempel med andlig kunskap och coachning, till vår banbrytande Tribe av fritänkare och indigokrigare samt till vårt mediahus, bokförlag och tidning som hjälper andliga entreprenörer att äga sin röst och låter nya läsare få djupare kontakt med universum.

House of Sovereignty är ett globalt imperium av pionjärer som har valt att avvika från upptrampade stigar och istället skapat sina egna genom att vara autentiska och i sin fulla kraft. Det spelar ingen roll om du tar ditt första steg på din egna stig eller guidar andra. Ni är alla välkomna. Det är ett hem för alla som vill vara i sin egen frekvens, behärska sina förmågor och upptäcka och följa själens syfte och vara helt och fullt självständiga.

Många drömmer om att bli författare ... och med vår hjälp kan detta bli verklighet! Som ett av världens främsta andliga mediahus med bokförlagen Publishing House of Sovereignty och UNFUCK Publishing, har vårt team skapat många bästsäljare genom vårt koncept med multiförfattarböcker och soloböcker.

Vänta inte - börja uppfylla dina drömmar idag! Jag ser fram emot att få höra från dig!

Med värme,

*Eleonor Amora*

www.houseofsovereignty.com

www.houseofsovereignty.com/book/

www.inspiremagazine.digital

*Kommande bok i Elementserien som består av Eldfödd, Luftburna och Vattenspeglar är Jordnära!*

# FÖRORD

Tanken med denna bok var att visa olika kvinnors livserfarenhet där de också valt att följa sina känslor och sin inre röst - oavsett om det är Indigons tordön eller en fågels kvittrande.

Det som alla kvinnor i denna bok har gemensamt är att deras levnadsöden har lärt dem att deras röster är värda att höras. Att vi alla är en bit av pusslet som kommer att läka världen. Allt du är, är värt att älskas och du behöver aldrig mer passa in för att bli sedd för den du är.

Stråla, min Sol! Våga visa vägen...

Med kraft och passion,

*Eleonor Amora*

# 1

# SJÄLSKONTAKT MED HAVENS ÄNGLAR!

*"Vi simmar i ditt hjärtchakra, i djupet av din essens och öppnar upp ditt hjärta för altruistisk kärlek och enhetsmedvetande."*

*Charlotte Delphi Björndotters delfinguide*

## Delfinerna kallar!

"Gå inåt i meditation, in i ditt hjärtas innersta djup och be om att få uppleva en del av din framtid" sade den skickliga healern till mig under en healingsession år 1999.

Jag lät mitt hjärta guida mig och det första jag såg var att jag låg i ett turkosblått hav, nära en sandstrand som tillhörde en exotisk ö. Jag såg en enormt stor stjärna över ön som lyste starkt och lockande, som kallade på mig... Jag hörde sedan namnet "Hawaii" om och om igen. Jag var så lycklig och euforisk där jag flöt i vattnet. Plötsligt kände jag en gudomlig närvaro, jag tittade mig omkring och såg då några delfiner som simmade till mig. Mitt hjärta översvämmades av kärlek och lycka, där är de ju, min älskade delfinfamilj. Mina ögon tårades, jag hade ju väntat så länge i detta liv på att få möta dem fysiskt och nu besannades min största dröm. Jag ville inte att meditationen skulle ta slut...

När jag kom ut ur meditationen visste jag att jag var kallad till Hawaii för att förenas med mina älskade delfiner och för att utveckla min livsuppgift tillsammans med dem. Jag har, sedan jag var barn och sedan många tidigare liv, en djup och andlig kontakt med djur, särskilt delfiner. Tillsammans med högt utvecklade andedelfiner och andevalar har jag utvecklat en kraftfull och transformerande healingform kallad "Delphi healing".

**Själskontakt med djur!**

Jag är också djurkommunikatör med fokus på just själskontakt. Att mötas hjärta till hjärta och själ till själ är så innerligt vackert och djuren är så enormt kloka och kärleksfulla. Djur är fantastiska, rena och visa själar som verkligen är ett med naturen och moder jord. De lever sina liv i harmoni och kärlek till naturen och moder jord. De vet sin unika plats och roll i skapelsen, att de är en viktig del av en enhet. De har högt utvecklade sinnen som hjälper dem genom livet, till exempel att bli varse om faror som hotar dem. Vi har så mycket att lära av djuren. Hur det är att leva livet fullt ut med kropp och själ på moder jord.

De djur som jag som djurkommunikatör kommunicerar med känner att jag är öppen för tidigare liv och de älskar att prata om det. De visar mig olika tidigare liv som de haft med sin människofamilj. De liven speglar alltid viktiga aspekter som människorna och djuren jobbar med i detta liv. Till exempel om du behöver jobba på att sätta gränser och säga nej, ta hand om dig själv bättre, vara mer i naturen, en bättre självkänsla eller öppna ditt hjärta mer för att upptäcka den allomfattande kärleken. De vet vad du har för livsuppgift och ibland delar ni även den livsuppgiften. De stöttar dig alltid och hjälper dig att uppfylla din livsuppgift.

Ibland berättar djuren att de outtröttligt försöker hjälpa sina "människor" i rätt riktning. De berättar också om saker som förklarar olika beteenden, vanor, egenheter, egenskaper och känslomässiga uttryck i detta liv, både hos djuren själva och hos "sina människor". Detta vet djuren eftersom ni följt varandra liv efter liv. Djuren vet om du är stressad, ledsen, glad, eller nervös. De vet också vad som är dåligt för dig och vad som är bra för dig och påpekar gärna det för att trigga igång en förändring hos dig.

De tidigare liven djuren berättar om berör på djupet och sessionen blir ofta mycket känslomässig och ger upphov till både tårar och skratt. Detta för människa och djur ännu närmare varandra och stärker relationen på många olika sätt. Ni återknyter er förbindelse på ett själsligt plan vilket är otroligt känslosamt och **hel**-ande.

## Havens änglar!

Delfinerna är fantastiska ljusvarelser som värnar om allt liv här på jorden. De kallas för havens änglar för att de är altruistiska och lever i enhetsmedvetande. De vill att vi människor öppnar upp våra hjärtan och agerar utifrån vår essens, vårt gudomliga jag. När vi gör det så återuppväcker vi och återupptäcker vi den rena altruistiska kärleken till oss själva, andra människor, djuren, naturen och universum. Vi förstår också och känner verkligen att vi är ett med varandra, att allt hör ihop och börjar då agera utifrån denna medvetenhet.

## En dröm går i uppfyllelse!

År 2000 uppfyllde jag min dröm och min livsuppgift tillsammans med delfinerna började ta form. På Hawaii blev jag upplärd av delfinerna, hur de vill att vi människor ska agera och bete oss när vi vill simma tillsammans med dem. De ville att jag skulle anordna retreats där man får simma med vilda delfiner och använda denna kunskap. Efter Hawaii simmade jag med vilda delfiner på La Gomera, sedan på Azorerna för första gången, efter det deltog jag i en universitetsutbildning i "Dolphin behaviour and dolphin assisted therapy" på Dolphin Reef, i Eilat, Israel och sedan var det dags för Egypten. Jag har blivit kallad av delfinerna till alla dessa ställen på samma sätt, att jag i meditation får se en stor stjärna över platsen och fått till mig platsens namn och hur det ser ut där. Jag har under alla dessa år av andligt samarbete och fysiska möten runt om i världen med delfinerna och valar fått en gedigen delfin- och valkunskap att dela med mina deltagare på de simma med vilda delfiner retreats som jag anordnar.

**Att simma med vilda delfiner i själskontakt!**

Föreställ dig ett turkosblått hav som är lugnt och inbjudande. Solens strålar omfamnar dig och när de träffar vattenytan förvandlas de till ett glittrande fyrverkeri. Du tittar ut över havet och din blick skannar av området, ivrigt längtandes efter de djur som kallas för Havens Änglar, de magiska delfinerna. Vilda delfiner som simmar lyckliga i frihet, precis som det ska vara.

Du ser först deras aura över havet, en kristallaura som sprakar av energi och kärlek. Sedan ser du deras ryggfenor långsamt och rytmiskt skära vattenytan. De simmar synkroniserat och harmoniskt. Delfinernas energi och aura omsluter dig mjukt och kärleksfullt och ditt hjärtchakra aktiveras och expanderar. Du känner så enormt mycket kärlek, hela din kropp och själ uppfylls av denna kärlek. Det är en altruistisk kärlek, en kärlek som är allomfattande och gränsöverskridande över arter och universum. Delfinerna lever sina liv i oneness, de är oneness. Du känner en enorm kärlek till dessa vackra djur och en djup respekt och vördnad. Kärleksupplevelsen blir så stark att din ögon tåras. Hur kan man ens känna så här stark kärlek?

Ögonblicket du längtat efter så länge är här. Det är äntligen dags att få möta delfinerna. Ditt hjärta börjar slå fortare och du känner dig så levande. Du fokuserar på att vara centrerad och i ditt hjärta helt och fullt, och släpper det mentala totalt. Inga förväntningar och inga egocentriska tankar om hur du vill att mötet ska bli. Bara tacksamhet, glädje, kärlek och harmoni. Du glider tyst och smidigt ner i vattnet, för att inte skrämma dem. Du sänder ut kärlek och glädje till delfinerna och simmar sakta till dem. När du närmar dig så vänder du dig i vattnet för att simma jämsides med delfinerna, åt det håll som de simmar. Du håller några meters avstånd av respekt. Du befinner dig ju i deras hem och det är upp till dem om de vill interagera närmare med dig. Det är en fantastisk känsla att få dela utrymme med delfinerna, de simmar nära varandra i flera lager i vattnet och sprider sina fantastiska kärleksenergier. De sprudlar av glädje och lekfullhet. Det är nästan overkligt och ofattbart att dessa vilda djur accepterar att du hälsar på dem i sitt hem.

Du hör deras fantastiska läten, till exempel klick- och visselljud, som de använder för att kommunicera med varandra. Ljuden påverkar dig djupt, de triggar igång endorfinerna i din kropp, lyckohormonerna, som också harmoniserar nervsystemet. Du känner en enorm lycka och kan inte vara annat än fullkomligt närvarande, här och nu. Ingenting annat är viktigt, ingenting annat existerar just nu. Det känns som att tiden stannar. Forskare säger att våra hjärnor påverkas av att vara nära delfinerna så att vi hamnar i ett djupt meditativt tillstånd, nästan som i ett transliknande tillstånd.

Du simmar sakta närmare delfinerna och delfinerna accepterar det. Du får ögonkontakt med en av delfinerna. Att titta in i en delfins ögon är magiskt. Det är inte som att titta in i ett djurs eller en människas ögon. Det känns överjordiskt och utomsinnligt. Du känner hur ni etablerar en direktförbindelse mellan era själar. Delfinen simmar rätt in i ditt innersta, in i din essens. En hisnande och befriande upplevelse.

Delfinen simmar fram till dig och simmar runt dig. Du följer med i rörelserna och ni dansar lekfullt tillsammans i vattnet. Delfinen lägger sig med undersidan mot din mage, hjärta till hjärta. En fantastisk och djupt berörande upplevelse. Delfinen simmar sedan en bit bort och sedan tillbaka till mig några gånger och jag förstår att den vill att jag följer med. Den pekar med sin vackra nos mot ytan och först ser jag ingenting, men när jag kommer närmare så ser jag den, en stor genomskinlig plastpåse som ligger på ytan. Delfinen vill såklart att jag tar upp påsen och jag skäms, det är ju vi människor som skräpar ner vår vackra jord och orsakar så stort lidande bland växter och djur. Detta blir så oerhört tydligt och jag förstår det nu på en helt annan nivå. Jag tar plastpåsen och delfinen tittar mig djupt in i ögonen och tackar mig. Mötet med denna fantastiska delfin är så intensivt och så starkt att du känner tårar byggas upp i dina ögon. Tårar av djup tacksamhet men även av sorg, för de avskyvärda saker vi människor gör med haven och de som bor där. Du känner i detta nu att du som människa från och med nu kommer att ta ett större ansvar för att hjälpa moder jord, naturen och djuren.

Sedan kommer resten av flocken. De lägger sig bredvid dig och under dig. Du har blivit inbjuden att för en stund vara ett med flocken. Du känner verkligen att du blir ett med delfinerna, ni smälter samman och kopplar samman era hjärtchakran. Du simmar i total synkronicitet tillsammans med flocken och känner intuitivt när ni ska simma till höger eller till vänster, simma fortare eller sakta ner. En euforisk känsla. Oneness i praktiken. Vi har så mycket att lära av delfinerna. Du skulle kunna stanna här för evigt känns det som...

Att simma med vilda delfiner är något som alla borde få uppleva en gång i livet. Det är så utvecklande, transformerande och berikande på så många olika sätt och plan. Delfinerna känner in vad just du behöver i detta nu.

De triggar igång och löser upp blockeringar. Att möta delfiner leder ofta till livsomvälvande förändringar. De hjälper dig att gå inåt, in i ditt hjärtas innersta rum, att vara i din essens och att vara sann mot dig själv. Att upptäcka och använda dina gåvor som du har med dig i detta liv och att förverkliga och utöva din livsuppgift här på jorden.

Känner du hur delfinerna kallar på dig?

---

> "Your vision will become clear only when you look inside your own heart. Who looks outside, dreams. Who looks inside, awakens."
>
> Carl Jung

---

# CHARLOTTE DELPHI BJÖRNDOTTER

Charlotte "Delphi" Björndotter är en passionerad och inspirerande ambassadör för djuren. Hennes livsuppgift är att guida människor att öppna sina hjärtan på vid gavel och djupdyka in i sin essens. Att upptäcka och känna enhetsmedvetande och altruistisk kärlek.

Hon är en mycket erfaren djurkommunikatör och healer. Hennes specialitet är själslig djurkommunikation, där djurens själar och enorma visdom får träda fram. Hon samarbetar med högvibrerande delfin- och valandar som tillsammans med henne har utvecklat den kraftfulla healingmodaliteten Delphi healing. Hon kanaliserar energin, visdomen och budskap från naturen och djuren i guidade meditationer, sång- och trum ceremonier och helande sessioner. Charlotte erbjuder retreats i Egypten och på Azorerna, där deltagarna får oförglömliga och transformerande upplevelser med naturen, naturandar, andedjur, delfiner och valar.

Charlotte är en bästsäljande författare och har skrivit i två multiförfattarböcker, "Awakening: meet the women birthing a new earth" och "Stormborn". Hon är även en återkommande krönikör och artikelskrivare för tidningen "Inspire Magazine".

https://linktr.ee/CharlotteDelphi

# 2

# INGET MER JÄVLA LAGOM!

Som Indigo har jag många gånger under min uppväxt känt att jag haft en för trång kostym på mig när jag jämfört mig med andra. Försöken att passa in var många. Försöken att få en bästa vän och en grupptillhörighet ännu fler. Jag ville så desperat bli omtyckt, godkänd, inbjuden...

Under tonåren förstod jag inte att jag var en Indigo. Indigon är benämningen för en energimässig personlighet som är vad vi brukar kalla för "Sanningsseende". Sanningsseende och sanningssägande. För inte kan vi hålla tyst heller om det är något som vi känner behöver belysas... Speciellt inte om det rör orättvisor, vilket oftast inte tas emot särskilt bra i samhället.

Dessa ständiga orättvisor...

Dessa ständiga kamper som jag gått in i för att försvara andra som varit med om orättvisor...

Till sist fick jag faktiskt sätta upp en strategi för mig själv, för att jag brände så mycket energi åt att strida i andras strider.

Strategin var att ta en paus först. Andas. Gör något annat. Se sedan om det faktiskt är din strid eller inte. För det kan vara en björntjänst att alltid ta sig an kampen utan att andra får lära sig att dra sina gränser själva.

Ibland önskar jag att jag vore mer diplomatisk.

Att jag inte alltid behövde säga allting!

Att jag kunde lära mig att vara tyst...

Men det är inte jag.

*Lite för högt skratt.*
*Lite för dålig humor.*
*Lite för mycket svordomar.*
*Lite för intensiv.*
*Lite för smart.*
*Lite för bråkig.*

När jag var i mina äldre tonår så sade min systers man att jag skulle ha lättare att få killar om jag bara lärde mig att inte prata så mycket. *(Hej 1800-talet!)*

I dagsläget kan jag tänka att det är tragiskt att överhuvudtaget ha den (*van*)föreställning om kvinnor. Jag önskar att jag hade kunnat tala till mitt yngre jag, och sagt att det var ett av de mest korkade råd jag någonsin har fått. Just då, så var jag dock fortfarande i den där känslan av att inte passa in, så när jag mötte killar jag var intresserad av så försökte jag därefter att inte prata för mycket, för att de skulle tycka om mig mer... För att den jag var, inte var tillräcklig att tycka om, ifall den inte justerades till.

Ett scenario som etsats fast i mitt medvetna, var när jag fick frågan av en man jag då var förtjust i: *"Vad tror du är meningen med livet?"* Han lär inte komma ihåg att han någonsin ställde den frågan, men mitt tonårsjag blev så ställd i kaoset där mitt hjärta ville tala om allt jag tänkte och trodde på - fast, vad hände om jag hade pratat för mycket? Om jag hade sagt något fel? Tyckt något fel? Eller om jag helt enkelt bara *var* för mycket...

*"För mycket."*

Denna jävla mening som förföljt mig. År ut och år in.

Må jag aldrig använda den mot någon annan för att begränsa deras själs uttryck.

Redan då hade jag så många tankar om den existentiella tillvaron. Hur stort är Universum och vad finns där ute? Vad händer efter döden? Vem är jag?

Det fanns inte en dag, där jag inte tänkte dessa tankar...

Och där och då sade jag inte ett ord.

Total ridå, och jag önskar så att jag hade varit sann mot mig själv och ägt mina tankar och min känsla.

DET HADE INTE PÅVERKAT NÅGOT I DAGSLÄGET, men det var ett sådant ögonblick i livet där jag kunde välja att stå i min sanning eller inte - och jag valde att försöka passa in...

## PASSA IN SÅ ATT ANDRA INTE BLIR OBEKVÄMA!

Var det inte att jag hade stora tuttar och tyckte om urringat, som någon fru till en basist jag spelade i samma band som hade åsikter om (och där jag storgråtande gick därifrån efter att jag fick höra det) så var det något annat.

Hela jävla tiden *för mycket...*

Jag undrar litegrann varför personer formulerar sig på det viset.

I fruns fall, som var tämligen plattbröstad, så vet jag ju att det var där skon klämde. *Stora tuttar skulle inte synas. Mina former skulle inte synas.* Tanken att jag inte hade dessa klänningar för att hennes man skulle stirra ner i urringningen verkade inte finnas i hennes tankevärld, för just där och just då så hade jag valt den för att jag kände mig vacker - för mig. Och som jag ångrade mig över att jag gjort just det...

Tanken är rätt bisarr faktiskt. Att man ska behöva klä ned sig för att passa in. För att någon annan inte ska bli obekväm.

**Luften är fri - titta åt andra hållet!**

Men alla andras tankar då?

Vad spelade det någonsin för roll om jag skrattade för högt? Om jag var för politisk?

Om jag hade för många tankar om världen vi lever i eller helt enkelt var för passionerad i att leva?

Så många relationer, där jag hela tiden försökte passa in...

Som jag önskar att det hade funnits en storasyster i min värld, som hade sagt åt mig att det var okej att bli älskad för den jag är.

Följden blev ju att jag aldrig var trygg i mig själv.

Att jag alltid tyckte att jag aldrig var smal nog, aldrig snygg nog, aldrig kunde sjunga tillräckligt bra, aldrig någonsin kunde få ro i mig själv...

Det som hände var att det skapades en rastlöshet. En rotlöshet.

Det finns många orsaker såklart till den. Att födas som seende och intuitiv i en värld där allt är baserat på logik och ett fyrkantigt framtaget system gjorde liksom inte saken bättre *(snälla, beam me up, Scotty!)*, men att då dessutom få stämpeln på sig att jag aldrig dög just som jag var förstörde mig nästan.

Det här systemet och samhället kuvar och kväver vår eld, snarare än göder den.

Direkt vi börjar skolan ska vi formas i en mall där vi ska belöna *lagom* och *bror duktig*-mentalitet.

*"Gör si"*, så får du ett bra betyg.

*"Gör så"*, så får du en extra klapp på axeln.

Var någonstans finns utrymmet för *finn dig själv*?

---

> "Förstå din passion!"
>
> "Välj din eld!"

---

Ja, ni hör ju. Jag blir ju irriterad bara jag tänker på hur systemet är upplagt.

Speciellt i Sverige - *landet Mellanmjölk.* och *landet Lagom* så är det ju exakt det som premieras.

Man ska inte falla utanför den vedertagna normen om hur man ska vara eller bete sig.

TÄNK om jag hade sluppit slåss mot dessa väderkvarnar i närmare trettio års tid, innan jag verkligen förstod att det räcker fullgott med att vara sig själv, och de som vill hänga med på resan är välkomna att göra det - resten kan boka en vanlig charterresa med någon annan!

## "LJUS OCH KÄRLEK"

När jag gick *all in* i min andlighet i början på 2000-talet, så försökte jag också passa in. I mitt sätt att se på det så är det dessa ständigt närvarande mantran om *ljus och kärlek* som många gånger håller folk på mattan i den andliga communityn. Gärna kryddad med lovsång eller pekpinnar om *Lagen om attraktion.*

Tanken är god, men resultatet är förfärligt. Är man inte tillräckligt blid och vänlig så ses man som mörk och ond. Är man inte tillräckligt positiv så är man negativ. Polariteter är faktiskt synnerligen starka i den andliga communityn, där acceptans borde förespråkas.

En period så skulle alla blondera håret i det andliga lägret. *"Ljus"* tillämpades nämligen även där. Helst med vita, svepande kaftaner medan man skulle kanalisera Ärkeänglar.

Som multidimensionell i mitt tänkande och varande så var aldrig Änglar utanför mitt liv, utan de var en del av det, så jag omskrevs under en period som Änglalärare i olika tidningar i Sverige - ända tills jag började låta min personlighet bubbla över med sin svarta (och i mitt sätt att se på det, helt fantastiska) humor samt lät Indigon få mer plats än den begränsade Änglaläraren som bara fick kanalisera Änglar.

Indigon som ser obalanserna, osanningarna och det begränsande systemet - samt säger det som det är.

Indigon som får kommunicera med allt i vårt Multiversum, och som inte har begränsande bojor.

## TALA ÄR SILVER, TIGA ÄR GULD

Direkt som jag inte längre hade vita kaftaner och enbart pratade om Änglar så straffades jag. När jag tog upp det olämpliga i att använda tunga droger och samtidigt jobba med klienter, så blev jag uppringd av *(dåtidens)* ledande svenska andliga tidning och blev utskälld av chefredaktören för att jag förstörde deras investering.

Inte en tanke om vad som är rätt och riktigt, utan pengarna var det centrala. Samtidigt så kastades jag ut med badvattnet och baktalades vitt och brett av de som fortfarande ville hålla sig kvar i den innersta kretsen av *ljusarbetare.*

Inte gjorde det saken bättre när jag var en av de första som började prata om och lära ut om vikten av medialt självförsvar samt energihygien, samtidigt som jag berättade om att de astrala världarna och dimensionerna inte alls bara inhyser välvilliga guider och Änglar, utan att det finns diverse illvilliga väsen och entiteter som drar energi från människors energifält om de får möjlighet till det.

I den andliga världen så var jag därför under en tid *the bad guy* (eller woman) som förstörde deras version av världen, och där jag många gånger fick höra att den enda orsaken till att jag kunde se entiter och onda väsen var för att jag var mörk energi själv. *(Suck.)*

Igen och igen - *var lagom* annars är du dålig! Håll dig på mattan!

Dessutom var det plötsligt mitt fel att någon upplevde negativa andliga saker, för att de då dragit till sig det (enligt Lagen om Attraktion), vilket de inte gjort om de inte tänkt på det innan. Alltså var det i deras (*o*)logiska sinne mitt fel eftersom jag hade berättat om det...

I mitt fall så var jag dock helt enkelt klarseende/clairvoyant, där jag faktiskt kan se klart vad som befinner sig i och vad som utspelas i de olika dimensionerna.

Att vara medveten om innebär inte att man per automatik bjuder in en energi. Precis som att jag inte per automatik bjuder in alla till mitt hem bara för att jag lärt mig att låsa dörren för att jag vet om att de finns de jag inte vill ha i mitt hem. *Hängde du med i tankevurpan?*

Att vara medveten om att det finns björnar i skogen innebär inte att jag per automatik blir uppäten av en om jag går ut och plockar bär, utan det innebär att jag lär mig en strategi ifall jag märker att en björn kommer gående åt mitt håll.

Lite så gäller även i de andliga världarna.

Bara för att du vet om att det finns demoner så behöver du inte börja hänga med dem.

Nåväl. Fördelen denna period var att jag hade arbetat med mig själv under en längre tid, vilket innebar att jag mindre och mindre behövde andras godkännande eller att någon annan skulle acceptera mig. Dessutom medförde beteendena jag mötte att jag blev lite *(mycket)* obstinat, och tänkte att jag skulle bli ännu mer jag istället för att försöka passa in.

Därför valde jag att fortsätta följa min passion; mitt sanningsseende och sanningssägande.

Helt enkelt det jag kände var viktigt att dela med världen.

Ju mer jag följde min intuition och lät Indigon ta mer och mer utrymme, desto lyckligare blev jag. För att Jag var Indigon.

Bojorna som tidigare hållit mig tillbaka luckrades upp och vittrade sönder helt.

Som egen företagare i det andliga så fick jag utlopp för alla mina gåvor och förmågor genom att tillåta mig att stå i min sanning och vara allt jag är, och det skapade en vibration genom världen som gjorde att just de människor som skulle till mig fann mig.

I dagsläget så tackar jag ändå de som försökte hålla mig tillbaka; de som försökte få mig att begränsa mig, för att vara lagom.

Hade det inte till sist nått en gräns inom mig, så hade jag kanske fortfarande befunnit mig i deras egenskapade rasthage.

Istället flyger jag över hela världen på de starkaste av vindar, mer framgångsrik än vad jag någonsin föreställde mig under åren av begränsningar.

---

Ps. Vet ni vad man gör om man blir bannad från en tidning på grund av småsinta människor?

Man ger ut en egen tidning. Åtminstone om man är en Indigo! ;)

Fortsätt gärna läsa i Inspire Magazine och i alla våra härliga böcker i mitt mediahus för att lära dig om vårt Multiversum och om energihygien.

---

*Av en ren principsak för detta boktema så tänker jag inte låta vår (fantastiska) korrekturläsare gå igenom min text, ifall jag råkat skriva något fel i min upprördhet eller hoppat över ett ord för att jag kan bli lite dyslektisk efter min gamla utbrändhet. För att detta är min röst. Oavsett om det är något som är felskrivet eller inte. För nu är det dags att slå oss ur bojarna och förtrycket i att vara perfekta för vår omvärld!*

*ÄG din röst. ÄG ditt uttryck. Och framförallt, ÄG ditt liv!*

*Inget mer jävla LAGOM! Och inga korrigeringar för att passa någon annan...*

# ELEONOR AMORA MARKLUND

Eleonor Amora Marklund är känd för sitt banbrytande arbete inom esoterik och är en internationellt erkänd författare med bestsellers på stora plattformar som USA Today, Amazon och Barnes & Noble.

Med mer än tjugofem års erfarenhet som coach och terapeut har Eleonor varit med för sin auktoritet på energiarbete och Indigons uppvaknande i tv, podcasts, radio och i tidningar. Hennes prisbelönta publikationer om skärningspunkten mellan kvinnlighet, entreprenörskap och metafysik har uppnått stor genomslagskraft.

Med en tankeledares natur har Eleonor framträtt som ikonen med House of Sovereignty. Detta revolutionära, esoteriska multiplex är det enda andliga centrumet i sitt slag, bestående av ett mediehus, ett tempel och en tribe.

www.linktr.ee/eleonoramora

3

# NÄR SYSTER SORG SÄTTER SIG ... TILL BORDS

*Så vad är S O R G för mig Ewa; min snuttefilt, min mantel, ett ouppnåeligt mål, min utkastare. Någonstans känns det som om jag har gömt mig bakom henne, skyllt på henne, och fått kraft och energi av henne. Men vad har kraften egentligen dolt och vad har jag i mitt försök att "klara av" försakat i livet? Jag tror på att arbeta med sina så kallade skuggor, sitt förflutna, och öppna upp ens hemliga lådor. Att arbeta mig igenom sorgen har gjort mitt arbete med andra djupare, sannare och mer magiskt. Och steget mot att hålla min egen helighet i handen, mycket troligare. Jag kan säga att jag idag äger mitt liv, det finns ingen tvekan att ta ansvar för det som flyter upp till ytan, snarare så välkomnar jag mitt förflutna att visa sig, så alla mina delar kan bli fria, och gå vidare.*

**SORG** är för mig ruttet vatten, stillastående, kärr-likt. Doften av min sorg är mustig och hemtam, ack så hemtam denna känsla av stillastående blivit inuti mig. Det tog en stund att separera mitt stillastående och min stillhet, skillnaden var uppenbar, mitt hjärta bär stillheten glittrig vid sin barm, stillaståendet bar inte mycket livskraft.

Vad, vad det som skedde för att SORGEN kände att ”nu gäller det”, nu finns det utrymmet för mig att ännu en gång visa mig och försöka få Ewa att släppa taget.

Vad hade läkt ut inom mig som gjorde att jag var redo att ta dessa sista steg, för att befria mig och SORGEN?

---

*Ja vad var det som gjorde att Syster Sorg äntligen fick ta sin plats vid bordet? Bordet där de alla satt, kärleken, vreden, stillheten, flödet, de bortglömda, balansen, nyfikenheten, harmonin. Kan det vara så att alla de andra funnit sin plats i min världsordning, att alla de andra vid bordet liksom flödar, ibland ojämnt men oftast i balans, och det enda som kan röra till det, är just Syster Sorg. För när hennes kraft tar sig in gäller inga regler längre. Allt ställs på ända och det tar oftast långt tid att komma tillbaka till balansen runt bordet, i livet och samtidigt undrar jag om det är balansen som blivit mottot för mig? Själv var min uppfattning att det var Friheten som var det yttersta målet, friheten att allt får vara som det är, att allt andas i sin egen takt, att allt inte hänger på mina axlar längre som en gammal trött och alldeles för sliten ryggsäck.*

*Var är Frihetens plats vid mitt bord? Kanske behöver vi alla vid bordet, att vår Syster SORG får tala sina ord nu, fylla ut mellanrummen mellan allt som aldrig uttalats, få lov att sjunka ihop och bli hållen av oss alla.*

*Vem vet, kanske är det bara hon som vet vad som saknas henne och det jag tror inte har någon egentlig mening. Så jag bjuder in SORGEN och låter henne ta sin rättmätiga plats vid bordet, för kanske är det så att jag har glömt bort att tala om för henne att hon behövs i mitt liv. Hon är ett av några rättesnören jag håller vid liv, hon har många gånger hållit mig i sin famn, nu hoppas jag att hon låter mig hålla henne.*

---

När jag var ett barn, bar jag redan min sorg. Den var inte riktad mot något speciellt, den var bara alltid där. Ibland försökte jag att förstå den och jämföra den, när exempelvis min hamster Hasse dog, men då blev jag ledsen, inte sorgsen, en väsentlig skillnad.

Min Sorg har alltid fört med sig något levande, den kom också med en liten pojke som var lik mig, men han var indian. Detta visste jag för att indianerna var dom som alltid dog i programmet High Chaparall, dom som ingen tyckte om, men som var starka och red över prärien. Pojken lärde mig att smyga, att busa, att titta länge på stjärnorna men framförallt höll han mig sällskap och vi delade också Sorgen mellan oss. En gång frågade jag min mamma varför min pappa inte kunde varit indian istället, jag kände något släktskap, eller var det pojkens energi som spilldes över till mig? Jag blev äldre och hade min ”osynliga” värld nära inpå den ”riktiga”, många gånger var det denna världen som fick mig att känna mig levande och det var också där tanterna fanns, dom som jag vet skyddade mig i världen där alla andra levde.

---

***Era mjuka röster höll monstren på avstånd***

*Er kärlek till mig sipprade genom väven av år och motstånd, och fick mitt hjärtas slag att lugna sin rusande fart.*

*Ni talade till mig på ett språk jag ej förstod.*

*Ni talade till mig alla på samma gång och jag gjorde mitt yttersta att följa ordens dans, medan mitt sinne föll in i era hjärtan och min ande kom och hämtade mig och jag stod i total trygghet.*

*När jag i vuxen ålder förstod att sambandet var genom blodslinjer och att jag väldigt naturligt landar djupare och djupare i dessa, ju mer ålder jag lägger bakom mig.*

*Sorgen som flödar genom blod och ben, genom eter och väv, binder mig samman med de som vandrat stigarna. Gnistrande och som sammet möter mina fotsulor ekot av sång och trumma, vishet och kunskap, kärleken till Alltet och jag är för alltid hållen. Det kommer en dag då vi kommer sjunga oss samman igen, det vet jag.*

---

När den lilla flickan i mig blev en ung kvinna bestod sorgen inom henne. Den kunde falla över mig när som, men jag lärde mig att genom att läsa böcker eller se på tv kunde jag släppa ut sorgen genom tårar. Som den där påsken när jag i månader innan hade drömt om att det brann varje natt, och det enda sättet jag kom undan var att fly-ga. Drömmarna tog slut med att jag från långfredagens film om korsfästelsen började gråta, och helt enkelt grät mig igenom hela påsken och Jesus hela avslut. Tårarna rann och jag bar en tyngd inom mig som var osannolik. Sen kom annandagen och tårarna torkade upp. Inga fler drömmar om bränder, och ännu ett lager av sorg var borta.

Jag kallades ofta blödig likväl som att min styrka som kom med Sorgens energi, gjorde mig oövervinnerlig i min egen värld, där få hade tillträde. Jag blev duktig på sorgen i övrigt, många är de som legat i mina soffor och vaggats till sömns, när Sorgen lyfts från deras axlar och istället landat i mitt knä.

En helg fick jag en bok av en vän, som delade min passion att läsa. Boken handlade om massakern vid Wounded Knee i USA 1890, vännen tittade mig djupt in i ögonen och sa, du behöver läsa detta. Någonting riste till inuti mig, som om jag visste att något stort skulle ske. Helgen kom och jag laddade för att bara läsa. Jag tror än idag att boken fann sin väg till mig på något gudomligt, planerat sätt. Kanske var det tanterna som ansåg att det var dags, att det fanns en risk att om sorgen bet sig djupare in i mig, så kanske den beslöt sig för att stanna, för alltid. När skulle Friheten då kunna infinna sig?

Jag läste och grät hjärtskärande, sidorna vättes ner av mina tårar och sorgen, den stora sorgen vällde ur mig, som en flodvåg utan slut. En natt, och en dag, och en natt och en dag.

När den sista natten kom, var min kropp och sinne helt tömt. Jag hade ett enormt behov av att fylla mig med LIV igen, och det mest naturliga var att gå ut och dansa. Dansens läkande rytmer, precis som folket vars blod rann genom mitt då ovetande sinne, drog mig sakta tillbaka till nuet, kroppen och sinnet började pulsera tillsammans och jag insåg att sorgen inte längre bodde så nära mitt hjärta. Tänk vad tårar och rörelser kan läka gott, djupt och mycket.

Under åren som följde hörde jag sångerna, kände närvaron av tanterna och hade två meningar inpräntade i mitt huvud. To be a Bone picker och Singing the Bones, vad dessa ord betydde visste jag inget om, hade internet funnits hade jag nog googlat, nu lät jag istället orden sakta blekna in i minnets rum.

SORGEN kom åter när min första kärlek försvann, denna gången kom den i form av vrede och självförakt, uppgivenhet och likgiltighet. Den puttade helt resolut bort skammen och skulden, den sista skälvande sucken av kärleken, och intensifierade sig på förståelsen.

Varför? Hur kunde det hända? Vad kunde vi gjort bättre? Hade jag velat ha mig själv som partner? Sorgen tog sig helt plötsligt ett bekant uttryck, saker som skett i min familj kändes som en upprepning, hade jag fallit i den där fällan, valt en partner som var bekant?

NEJ! JO! men va f-n Ewa. Jag var 30 år och tittade på kvinnan i spegeln och kände inte igen mig, där och då togs beslutet att lära känna mig själv på nytt. Jag kunde inte riskera att låta mitt hjärta krossas ännu en gång, eller att mitt obearbetade inre skulle drabba en oskyldig.

Efter nio år fann jag mig i roliga, spirituella samtal nätterna igenom med en man, äldre, engelsk, han sa att han letat efter mig i hela sitt liv. Jag var mest förvirrad och hade väl inga tankar direkt, inte förrän han flyttade in och krävde uppmärksamhet.

Tanterna började sjunga, pojken stampade i marken, kroppen värkte och sorgen ställde sig i givakt bakom mig. Den höll mannen på avstånd, så mitt sinne kunde flöda fritt och försöka förstå vad som skett, vad som höll på att hända. Tiden beslöt att en tillfällig separation var nödvändig, att vi båda skulle andas ut och finna vår egen ro, och i detta öppna upp för en mer kärleksfull fortsättning tillsammans. En kväll kom samtalet med en fråga som vände upp och ner på allt. Sorgen vällde upp i desperation, skriket som hållit sig i bakgrunden var farligt nära att ta sin förstaplats. Min engelska vän dog en för tidig död och sorgen konsumerade HELA mig med hull och hår. Jag förstår inte ens idag vad som höll min livslåga igång, för mitt medvetande befann sig på en plats där ljuset inte hade tillträde.

För att rädda mig ur det konsumerande mörkret eller var det sorgen som kände sig åsidosatt, väcktes en vrede inom mig som tvingade mig tillbaka in i kroppen genom smärta. Min rygg gick sönder och jag tvingades att omvärdera mitt liv, och sorgen blev på något tvistat sätt min sparringpartner, den jag jämförde mycket med, den som avgjorde hur dagen betedde sig. På något sätt blev vi, SORGEN och jag bästa vänner, eller var det så att jag gömde mig bakom den för att jag inte orkade hålla upp mitt leende mot världen.

Många är de gånger främmande har tittat mig djupt in i ögonen och frågat mig varför jag håller kvar sorgen. Vad behöver jag för att släppa taget?

Många är de som med sin ilska försökt putta mig ur min skyddade kammare.

Många är de som velat separera mig och Sorgen, uttryckt att det är dom eller den.

Få är de som verkligen tittat mig i ögonen, funnit mitt hjärta och genom detta fått mina steg att tro på att vandra en annan riktning.

Varför tror inte människor att jag gör det jag skall?

Att jag följer min inre sång.

Vad inom mig visar på motsatsen? Eller är dom så obekväma med mig utan Sorgen, så dom egentligen inte vill, för vem vore kvinnan utan hennes ständiga följeslagerska?

Sorgen är så djupgående inom mig, att den många gånger fått mig att tappa mitt sätt att uttrycka mig. Mina känslor blir irrationella och obekväma, den är så in-vävd, in-vand med skulden över ett skeende, som rinner i mitt blod och mitt minne, bortom denna tid jag befinner mig i idag.

Fascinerad betraktar jag Sorgen och den labyrint den skapat sig, hur skall jag ens finna roten, där allt fortfarande skapas?

Jag tog tid på mig att tänka, sökte svar utom mig och inom mig samt runtomkring.

Jag landade i tillit, dag för dag, jag väntade in … någonting. Så kom dagen när en vän sa något, helt plötsligt riste min kropp till, det fanns en sanning i vad hon sa. Jag kunde inte blunda längre.

Skillnaden var att jag denna gången inte svalde vreden och jag tror att detta var det som lockade fram sorgen. All sorg lade sig på bordet som olika rätter på ett smörgåsbord, det gick inte att komma undan nu. Styrkan fanns där. Kraften fanns där och Viljan fanns där också. Nu skedde det, och sorgerna ställde sig i rad, en och en var dom redo att bli befriade av mig.

Sorgen efter upptäckten av alla ord komna från andras fula munnar, satt sig som betong i både hjärta och hjärna. Och insikten att det var sorgen som stått i vägen för vreden, tyglat mig, satt munkavel på mig, förhärdat mitt hjärta, så väldigt, väldigt livsdödande. När jag djupt inom mig tror att SORGEN faktiskt försökt rädda mitt liv, inte bara en gång.

Sorgen över att fortfarande efter 40 år upptäckta att kroppen håller kvar i minnen som inte kunnat förlösas annat än i smärta. Mina tårar som fastnat i väven och skriken som gömts undan, hur skall ni kunna bli befriade, hur ...?

S M Ä R T A!!!!

Vilken oerhörd sorg det är att dela sitt varande med syster Smärta. Vilken kraft jag besitter, när jag håller henne nära mig. Vilken energi som gått åt, går åt, så många tårar som fällts ut över min kropp där anledningen sugits upp av mitt hjärta, som skydd. För jag tror att om världen omkring mig förstod min smärta, skulle den lilla energi jag håller kvar, gå åt att lugna de omkring.

Förklara, förklara och förklara, så väldigt smärtsamt det är att förklara. Så oerhört många skrik och tårar som svalts, så många tänder som bär spår av mina käkar som hållit mig samman. Sluta fråga, sluta lägg ansvaret på mig, att ta hand om Din oro ... om mig ... på riktigt!!!

När din sorg faller över mig, varför tar jag emot den? Är det för att jag redan bär så mycket, så att lite till i korgen gör ingen skillnad.

Många är de gånger jag önskat att min sorg kunde få dina varma ögon i mitt hjärta.

Så jag kunde få lov att lägga mig ner, tryggt och andas mig bort för en stund.

Men Nä! Hur mår du? Kan jag göra något? Jajaja ... tomorrow is another day!! Men va f... vill jag skrika, låt mig bara få andas in lite av ditt lugn, låta mig få hålla din hand när jag ännu en gång söker efter mig själv, i labyrinten jag så länge har skapat.

Jag längtar hem.

Det finns en annan sorg. Den över att inte få bära min kropp i stolthet och lycka, känna mig fin för en stund, känna mig åtrådd, utan att behöva värja mig från andras lystna energier och habegär. Varför vill dom mig så illa? Detta är en fråga jag så många gånger ställt mig. Vad är det inom mig som behöver kväsas, till ett ingenting? Min styrka? Min överlevnads energi? Mitt Jag? Du har prinsess-komplex, sa en man till mig. Jaha ... öhhhh, det betyder vaddå?

Du tar för givet att alla som du möter skall se detta ... Öhhh vaddå? Ja att du ser dig som finare än dom omkring dig. Dom, menar du männen, dom som tycker så mycket, om mig? Eller menar du mannen som igår satte en brinnande cigarett framför mig öga, väste mig i örat att han skulle bränna upp mina vackra ögon, så dom aldrig skulle kunna läggas på en mans ansikte igen. Det kom senare fram att han hade visst tagit fel på person, jag var lik en kvinna från Israel som hade nobbat honom på dansgolvet igår, han hade ju bara sett lite fel. Hur förväntas det att jag skall tycka om detta? Jag ville ju bara slå honom väldigt hårt, men för att tygla mina upproriska känslor, dansade jag in även detta i mitt minnes rum.

Hur skall jag göra rätt någon gång, när oddsen att bli hörd, sedd och litad på samtidigt är näst intill obefintlig. Vad var det för värld som skapade rum för mig att växa till kvinna? Inte så kul, ganska farlig, oerhört ohyfsad och ocharmig och så blev jag som jag blev, tar inte skit från någon, i alla fall inga män.

Jag bodde i Peru och vandrade många timmar på de vindlande stigarna i mitt hjärta. Jag behövde finna tillbaka tiden jag förlorat i min olycka, dom var ju där, hade gäckat mig i många år och inte visste jag då att mina blodslinjer skulle stiga fram och leda mig genom trauma efter trauma, för att till slut skapa utrymmet för mig och dessa att återförenas. Varje dag, när solen gick till sömns satt jag och lyssnade på Tanternas klokskaper, jag hade fått reda på att det var vanligt att man samlades och sjöng sin bön tillsammans, och när alla öppnade sina hjärtan och släppte Anden fritt så avslutades sammankomsten med att alla sjöng med samma samlade hjärta, på samma sång. Det var därför jag som barn alltid tyckte dom sjöng i munnen på varandra och hade svårt att förstå. Nu tillät jag mig att lyssna in deras energi istället, och jag lät mig uppfyllas av deras klara budskap, och jag är evinnerligt tacksam att jag äntligen förstod. Jag fick också förklarat för mig att Sjunga Benen – Singing the Bones var ett sätt att veta var ens förfäders ben var begravda, då dessa lades ner utan egentlig markering. Det var mor och farmödrarnas uppgift att lära sina barnbarn var familjen låg samlad. Samma sång som man begravdes med, gjorde också att man visste var man skulle finna dem. Så vackert, att få kalla på de sina genom att sjunga deras lovsång, att få mötas i ännu ett rum utan gränser och krav.

Sorgen kom ännu en gång upp på besök, denna gången i form av pojken. På ett fält fyllt med döda människor och med hjälp av korparnas sång fann han sin enda släkting, tömd på det livet hon närt honom med i hela hans liv. Han tog en bit av hennes finger, för att aldrig glömma henne. Detta i sin tur gjorde att hon ej funnit sin egentliga vila och kunnat gå vidare. Som det är när man andas en annan verklighet, kunde pojken lämna tillbaka delen, bli förlåten, lämna sin skuld och båda kunde upplösas av tidens gång. Och jag Ewa kunde lägga bort ytterligare en historia som jag burit runt mitt hjärta.

Jag ber nu min sorg att visa sig för mig, vad mer vill hon belysa, berätta, släppa från sig, och mig, för det är så tydligt att hennes historia bärs inom mig genom generationer.

Hon ser ut som en vålnad som precis kommit ur ett träsk. Hennes kropp är lindad av insjöns gröna slemmiga slanor, allt det där som jag alltid trodde skulle dra ner mig under vattnet, och mina ögon fylls av tårar, jag vet vad det är, detta som jag så många gånger gått igenom, talat om, men tydligen inte fullt ut, för inte trodde jag att hon levt kvar där nere i sjön, på botten med enbart minnen som sällskap.

När jag var tre år befann vi oss vid en sjö, mamma städade vårt lilla hus och mormor och jag var på bryggan. Jag vet idag att en kvinna i sjön kallade på mig, sjöng mig mot henne, jag kände henne väl då hon brukade vara vid min sida. Jag tänkte många gånger att hon såg ut som Prinsessan i John Bauers sagor. Mitt hjärta sjöng tillbaka och helt plötsligt befann jag mig under vattnet, jag vet att mina upplevelser kanske inte överensstämde med det faktiska, men i min undervattensvärld var allt mjukt, grönt, skönt, och lojt sådär som det kan tänkas vara i en sjö och jag vet att jag var helt och hållet hållen, och höll samtidigt på att drunkna. Jag drogs upp och jag vet att känslan var abrupt, från varmt till kallt även om solen sken. Jag har liksom aldrig kommit ur känslan av att vara så hållen av vatten, att få flyta obehindrat i varmt vatten är för mig magiskt. Så vad vill nu kvinnan framför mig? Vad har jag missat i alla mina försök att ställa mig och tiden tillrätta?

---

*Jag låter henne tala, hon säger. "Mitt kära barn av jord och vatten. Vad vore jag utan dig och vad vore ditt livs missöden utan mig. Jag är den som ömsom burit och släppt dig, vadat ut i träsken och samlat ihop spillror som veden som klyvts utan tanke. Jag har alltid funnits vid din sida och styrt dig hän dit, och hän hit. Så vem är jag Ewa, vem är jag? Jag skapades ur din källa av vishet och förbarmande. Jag vandrade många stigar med dig vid min sida. Jag förlöste många av de barn du lämnat efter dig och fick dessa att lämna dig i-fred.Ty du var inte ämnad dem, eller dig själv, du var enkom ämnad mig. Men detta var så många månar sedan, så händelsen och jag föll ur ditt minne, och där jag suttit kvar utan möjlighet att komma vidare. Vår relation har sett olika ut i detta liv. Jag blev en av de dina som du hade i ditt andra liv, det livet där du bär friheten nära ditt hjärta och sinnet är stort. Jag har under våra vägars möten försökt att påkalla din uppmärksamhet, men livet sköt mig längre och längre bak på prioritetslistan. Du har gjort din väg mera framkomlig, jag har gjort min och nu äntligen käraste barn av liv och död, kan vi få lov att separera våra hjärtan, våra sinnen och framförallt våra gamla trista minnen av död och försiktigheter som vi båda varit förlamade av. Så Ewa, hjälp mig nu ur denna dynga, befria mig från mina slanor och ta ett steg från mig, in till dig själv och din egen framtid."*

---

Framför mig stiger kvinnan upp från sjön, och i takt med att hon beträder marken, släpper slanorna av många liv hennes kropp. Jag ser hur hon börjar lysa i takt med solens strålar och sakta så löses hennes konturer upp. Jag tar ett djupt andetag och är lite förundrad, då jag inte är säker på vad vi varit i varandras liv. Kanske kommer mina vandringar med dödens energi förändras nu, hur kommer min framtid då te sig, det känns lite spännande.

DET FINNS SÅ MYCKET MER JAG KAN SKRIVA OM SYSTER SORG, men jag tycker hon fått sin röst hörd nu. Den delen av mig som hon representerat, är ett säkerhetssystem och har alltid varit den delen som hindrat mig att lämna jorden innan jag är "klar". För jag tror mig ha ett uppdrag här. Att rensa rent i alla mina led, alla mina minnen som dansat mitt sinne helt galet och kroppen helt lealös. Säga förlåt för minnen som jag inte kan härröra men ändå minnas. Få förlåtelse av de som vandrat på mina stigar innan mig. Att göra mig minneslös, så den dagen då jag återvänder hem, är det mer essensen av mig som vänder åter så jag till slut får tända ljuset på min egen stjärna.

Och nu när balansen är kommen åter vid vårt bord, andas jag ut och känner friheten blåsa mig mjukt i nacken, viska i mitt öra, att följa mitt hjärta ... bara mitt hjärta.

*Tack för att du tagit dig tid att läsa om en del av mig.*

Ewa

# EWA DEMAHINA

"Ewa walks her talk", genom att vara trogen sitt syfte i livet.

Med över 25 års helande arbete över hela världen har hennes visdom, ärlighet, kunnighet som healer, samtalsteraupeut och kroppsterapeut, guidat en bred kundkrets av nybörjare till erfarna healers från hela världen mot deras eget tillstånd av medvetenhet och andlighet.

Hon tror att alla bär kapaciteten att gå djupare inom sig själva - att stärkas internt för att nå en rikare och sannare förståelse av sin livsresa.

Ewa är naturligt intuitiv och har sedan tidig barndom varit i kommunikation med den osynliga världen. Hon tror på magi, den magin som uppstår när någon verkligen ser dig, lyssnar på dig och älskar dig.

Uppfylld av passionerad kraft och kärlek är hon inte rädd för att dyka in i det hela mänskliga jaget i alla former, hållen av hennes tre kärlekar som vägleder hennes väg: naturen, energin och förhållandet mellan kropp och ande.

www.linktr.ee/EwaDemahinak.

# 4

# FRIDLYST ORKIDÉBARN

*Till Ma - Du är förlåten.*

*Till Ti - Tack. För dig.*

Min första kontakt med vatten var innan jag medvetet minns. I min mammas livmoder. Varifrån jag inte höll på att komma ut. Kanske var jag nära att drunkna där inne. I och med en separation drömde jag hur jag sänkte ner mig själv i ett alldeles isblått hav. Jag vet precis hur det känns att drunkna. Drunkna inte i dina känslor, säger en. Lättare sagt än gjort. När en är hypersensitiv, tar in allt och alla till dess att det blir överväldigande och du sjunker som en sten. När du bär hela världen på dina axlar.

Paniken innan en har accepterat syrebristen och vattnet som strömmar in. Lättnaden och frigörelsen då en släpper taget, finner acceptans och total harmoni. Jag har en väldig respekt för vatten. Älskar vatten. Men håller hellre huvudet ovan vattenytan än under och måste hålla för näsan när jag, under kontrollerade former, väljer att doppa mig. Jag vet inte om jag har farit mer illa under vatten, om jag blev uppdragen eller neddoppad på skoj den där gången då min kompis mamma höll mig i all välmening när jag inte bottnade.

Jag och min mamma är starkt sammankopplade. Sammanlänkade. Som om den där navelsträngen två varv runt min hals för alltid har gjort sitt avtryck. Som om mamma har varit draken och jag den som håller i. Vi delar energi. Jag känner av henne. Har många gånger försökt ta ner henne. Men misslyckats. Och själv fallit handlöst ner i underjorden.

Min mamma och moster är enäggstvillingar. Spegeltvillingar. Identiska när de står mitt emot varandra. Med skillnaden att min mamma har varit sjuk och frånvarande till och från hela mitt liv medan min moster bestämde när hon fick barn att hon skulle hålla sig frisk, vilket hon har lyckats förvånansvärt bra med.

### *Apropå arv och miljö*

När mamma och pappa väntade mig hade pappa lagt undan en blårandig pojkpyjamas. När jag var liten kammade pappa sidbena på mitt korta hår och klädde mig i mörkblå manchesterbyxor, mörkblårödrutig flanellskjorta och röda Kalle Anka-hängslen.

En gång när pappa tyckte att vi skulle städa mitt stökiga rum hade jag ingen lust att städa på hans sätt, jag vägrade sortera i hans ordning ner till minsta beståndsdel. Varför skulle jag ha ordning på mitt rum när det var fullkomligt kaos utanför? När pappa sa att jag nog inte kunde bo kvar om jag inte städade mitt rum så packade jag mina favoritleksaker i två stora plastpåsar och gick. Jag släpade de tunga påsarna i marken uppför gatan och tänkte att jag nog kunde bo i en glänta i skogen. Precis en sådan glänta där själen bor i Solar Plexus. Det visste jag redan då. Pappa som hade varit och handlat och just svängde in på gatan till vårt hus hann precis se mig där jag var på väg över krönet. Han sprang ikapp mig, ryckte påsarna ur mina händer och bar hem dem med mig gråtandes i hasorna.

Pappa hade ställt in ett akvarium på mitt rum medan jag fortfarande var alldeles för liten för att veta bättre. Jag hade en liten trähammare. Jag kom på att fiskarna kom fram om en satte sig vid akvariet för då trodde de att de skulle få mat. Av någon anledning så roade jag mig sedan med att slå med min lilla trähammare på glaset så att fiskarna försvann blixtsnabbt, för att sedan komma fram igen och sådär höll jag på. Ända tills det sade klirr. Jag hade lyckats slå hål på glaset så att vattnet och fiskarna sipprade eller rentav forsade ut. Jag ropade på mamma som till sin stora förskräckelse ringde pappa på jobbet och frågade vad hon skulle göra. "Har du ställt en hink under?" Det hade hon inte. Heltäckningsmattan var genomblöt och snart droppade vattnet ner genom taket på parketten i vardagsrummet. Jag minns att jag skämdes och frågade försiktigt om jag fick gå in på mitt rum om jag hade mina röda träskor på mig så att jag inte skulle bli blöt om fötterna.

Jag hade en liknande lek utomhus. Jag kom på att om en petade ner några sandkorn i myrbona mellan stenplattorna så kom plötsligt en massa myror upp. Jag hade en röd trehjuling. Som jag brutalt lärde mig att göra skillnad på liv och död med. Inte helt oskyldig.

Jag gick hos en tveksam dagmamma med blå mascara som gav oss Varma Koppen till lunch och som inte bytte ordentligt på småbarnen. Jag skrek, grät, slog och bankade på dörren varje morgon när pappa hade lämnat mig. Till mina föräldrar sade dagmamman att det brukade ge sig efter en stund medan jag minns det som om det varade i en evighet, som om det aldrig tog slut, som om jag grät och slog tills jag inte orkade mer. Av någon anledning så har jag väldigt svårt för redda soppor och sådant som luktar lite unket såsom champinjonsoppa och svampsås. Jag satt där med kväljningar varje måltid, tvingad att äta upp. Om en inte åt upp maten så fick en ingen glass. Däremot så fick en alldeles ensam gå upp och lägga sig på övervåningen. Om jag följer minnet uppför trappan så tar det slut där uppe. Det blir alldeles vitt, precis som när jag sänkte ner mig själv i det isblå havet. Inte undra på att jag fick svårt att äta sedan.

På lekis hamnade jag i en liten barngrupp där alla sex flickor fick vara Lucior, medan den enda pojken, som dessutom var nyanländ, fick vara stjärngosse. Världens mest underbara fröken satte ihop födelsedagshäften med teckningar från alla sex kompisar när en fyllde år. När vi julpysslade ville jag klippa ut en ängel efter en mall ur ett guldigt papper. Jag lade mallen mitt på pappret och började klippa när jag plötsligt och till min stora förtvivlan, fick skäll från världens mest underbara fröken. Guldpappret behövde ju räcka till de andra med så jag borde ha klippt ut ängeln i kanten av pappret. Jag förstod inte. Ängeln var ju lika stor var jag än satte den och resten av pappret skulle ju ändå bara räcka till mindre saker som stjärnor. Jag tyckte att ängeln förtjänade att få ta plats där i mitten där pappret var helt och fint och alldeles orört.

### *Som att gå på nyfallen snö*

Som barn var jag ganska så nöjd i mitt egna sällskap, jag var inåtvänd, snudd på autistisk och satt allra helst och ritade, bläddrade i böcker, tittade på Astrid Lindgren-filmer eller pysslade med något på mitt rum, byggde och inredde små kartongrum till diverse tänkta eller befintliga figurer. När jag blev äldre så möblerade jag ofta om och försökte göra det så vackert jag bara kunde på mitt rum då kaoset utanför fortfarande härjade och trängde sig på alltför uppenbart.

Jag grät hela kvällen dagen innan jag skulle börja skolan. Jag visste. Att jag skulle förlora min frihet. Väl i skolan träffade jag min bästis. Hennes mamma och min mamma hade legat bredvid varandra på BB då bara två dagar skilde oss åt. Vi var som likadana fast hon var tuffare och mer extrovert, jag desto blygare och mer introvert. Hon blev min sköld mot världen.

På rasterna lekte vi häst. Hoppade hopprep och hage. Och så lekte vi krig. Killarna mot tjejerna. Bokstavligen. Det var en hårdhänt, våldsam form av kull där främst killarna tog tjejerna tillfånga, drog dem i håret och bände deras ryggar baklänges mot ett staket. Jag blev rädd på riktigt och sprang till lärarrummet.

---

*"Den som ger sig in i leken får leken tåla"*

- var det jag fick jag höra när jag med andan i halsen berättade vad som försiggick utanför.

Efter det blev jag fridlyst.

Ingen fick ta mig.

---

En dag kom en kille i klassen och sade att fröken ville mig något. Rädd för att ha gjort något fel, som jag för mitt liv inte kunde komma på vad det skulle kunna vara, följde jag med honom in i kapprummet. Där satt en annan kille i klassen. Den första killen sa att den andra killen ville ha chans på mig. Jag blev förskräckt. Det kändes som ett övergrepp. Någon ville ha mig, ta mig till sin. Jag sprang till fotbollsplanen och sa till min bästis att den andra killen hade slagit mig, för så kändes det, varpå bästisen samlade ihop alla tjejerna och tågade mot kapprummet för att skälla ut den stackars killen. Och så har jag ett svagt minne av att den första killen gjorde nacksving på mig.

Eller så kan jag ha blandat ihop det med att jag en gång hängde knäveck i gungställningen i grannens trädgård. Jag var helt ensam och kunde inte ta mig upp. Så jag blev ju tvungen att ta mig ner. Jag vek upp benen och landade på nacken. Jag minns att det blev svart för en stund. Jag minns även hur jag som liten ramlade på längdskidorna och inte heller då kunde ta mig upp utan blev liggande där i snön ett bra tag. Hur länge minns jag inte, inte heller hur jag till sist tog mig upp. När jag som äldre åkte snowboard blev jag lite för kaxig och tänkte jag att jag visst skulle ta ett lite för stort hopp. Väl framme så ångrade jag mig, tvärbromsade och flög ner från guppet. Som tur var så landade jag på nyckelbenet som höll. När jag motvilligt och osäker har suttit upp på en gammal travhäst, så stor att det har behövts en trappstege för att komma upp, och hästen har börjat skena så har jag klart och tydligt hört

---

*"Om du inte tar dig av nu så kastar jag dig över nacken."*

---

Jag förstod att jag skulle landa illa så jag valde att istället släppa tömmar och stigbyglar och hasa mig av bakåt ner på axeln. Jag for på sidan tio meter på grusvägen ner i ett dike. Köttsåret på höften var ett faktum. Min hästvän, som även är sjuksköterska, spolade rent såret med vad som kändes som en högtryckstvätt och sprayade på sårrengöring för hästar medan jag höll i mig i stallväggen samtidigt som vår gemensamma vän höll fast mig. Jag skrek rakt ut. Det kändes som om jag brann. Senare skulle läkningen orsaka att jag bara kunde lyfta armen rakt fram. Sedan tog det stopp. Naprapaten palperade upp skadan som fick läka om, läka rätt.

### *Jag minns*

Att jag som liten blev knuffad på asfalten så att jag for i en lerpöl med min nya fina jacka med fuskpäls och broderade svarta renar på, som jag förstod att vara väldigt tacksam för. Den var röd. Jag hade önskat mig en ceriserosa eller kanske till och med hellre en vit än röd men den här var alltså röd. Jag grät hejdlöst hysteriskt över att min nya fina jacka hade blivit alldeles lerig och kanske mest för att jag var livrädd för min pappas reaktion. Min bästis och en vuxen tvättade jackan febrilt med tvål och vatten och sade till slut åt mig på skarpen att skärpa mig. De förstod inte. Ingen förstod. Min rädsla.

Jag var rädd för att klättra i klätterställning. Och jag var den rädda som bad om att få sakta ner farten och inte slå i snurrgungan fullt så hårt mot stockarna. När jag väl vågade mig upp i en klätterställning så kom en liten udda kille med en pinne och petade mig i skrevet underifrån. Jag fick panik, frös och grät där jag satt alldeles byxblottad mitt i det tillfälliga mod som nu rann ur mig. En annan gång kissade jag på mig på stolen vid bänken för att jag inte vågade gå på toaletten då det hördes vad en gör där inne. Som tur var så regnade det ute så jag skyllde kissfläcken på regnet.

En annan regnig dag hade jag på mig de bruna jeansen som jag hade fått ärva av min tuffa storkusin, med intatuerade barbröstade urfolkskvinnor på överarmarna och helikopterplatta, och som min moster kreativt hade lappat med diverse mönstrade tyger. Som en av de minsta i klassen kände jag mig plötsligt stor och tuff. Jag stormtrivdes. Och tog så tillfället i akt. Jag tog sats och hoppade rakt ner i den största vattenpölen som säkert nådde mig till vristerna. Jag hoppade och hoppade tills dess att jag var alldeles dyblöt ända upp till låren. Så hade vi gjort upp en gång för alla, vattnet och jag.

### *Ett tacksamt offer*

Jag var så rädd. Blåögd. Naiv. Godtrogen. Och lättlurad. Den tuffaste tjejen i klassen lurade mig en gång att en dör om en trampar på de orangeröda sprejade fläckarna på marken i skogen. Och så började hon jaga mig. Jag sprang för livet och försökte desperat undvika de röda fläckarna men råkade till slut trampa på en. Jag sov ingenting den natten utan låg vaken och trodde att jag skulle dö. Det finns ett annat, liknande exempel när jag skulle flyga för första gången och min pappa sa till mig att jag skulle få ligga bredvid farfar om det skulle hända något. Den natten sov jag heller ingenting utan låg vaken och trodde att jag skulle dö. Väl på flygplanet kunde jag inte förstå hur folk kunde läsa tidningen och låtsas som ingenting när vi snart kanske skulle krascha.

I fyran hade min bästis tröttnat på rädslan och på mig. Hon sa att hon ville göra slut och jag blev själv. När jag satt ensam på en kulle på skolgården och sörjde tyst hörde jag en röst inom mig som sade

---

*"Nu är det du mot världen"*

---

Inte nog med att min bästis lämnade mig. Hon lämnade mig för de tre tuffaste tjejerna i klassen. Snabbt vände de sig mot mig och även mot dem som vågade ta mitt parti eller ens stå vid min sida. Mitt nygamla kompisgäng kallades

*TG - TöntGänget*

På anslagstavlan utanför aulan där alla går in på morgonen stod det, i versaler:

JESSIKA BJÖRHN ÄR CP

Även i omklädningsrummet på den allmänna badplatsen stod det, så att åtminstone alla flickor och kvinnor kunde läsa, i versaler:

JESSIKA BJÖRHN ÄR CP

Det fanns bara en Jessika Björhn i den lilla kullerstensstaden. Nu visste alla att det var något fel på mig. Att det var okej att titta snett. Jag försökte göra små motaktioner, som att ta bänken i omklädningsrummet där de tuffa tjejerna alltid brukade byta om tillsammans. Motreaktionen kom som ett brev på posten. I form av en binda och en lapp med texten:

---

*"Den här kan du använda när du har blivit lite större."*

---

En gång blev jag konstigt nog medbjuden hem till en av de tuffa tjejerna. Jag kunde knappt tro mina öron men ville så gärna att det skulle vara sant, att det skulle vara över, att jag skulle få vara med. Så jag följde med en av de tuffa tjejerna hem till henne varpå hon började prata illa om en av de andra tuffa tjejerna. Jag tvekade men ville inte stöta mig med henne så jag höll motvilligt med om de taskiga sakerna. Varpå den tjejen det snackats illa om kommer fram bakom dörren och jag får fullt upp med att försöka förklara mig fast jag gått rakt i fällan.

En dag tog jag så mod till mig, gick fram till de tuffa tjejerna, sa försiktigt ifrån och sökte deras medkänsla. Jag bad dem tänka på hur de själva skulle känna sig om det hade varit ombytta roller. Sedan fick jag nog och bröt ihop utanför lärarrummet. Jag orkade inte mer. Den kvinnliga läraren förstod. Jag vet inte hur mycket det pratades med de andra tjejerna eller med deras föräldrar men min manliga lärare ordnade ett möte mellan mig och min före detta bästis. Jag minns inte vad han sa, jag minns bara skulden, skammen, tårarna och hur vi kramades. Jag hoppades fortfarande att vi skulle hitta tillbaka till varandra vilket vi också gjorde en period men det var liksom inte samma sak längre, det var lite för sargat. Jag hade numera min egen sköld.

Töntstämpeln följde delvis med upp på högstadiet. Splittrad men spridd.

På vintern i sjuan gick min mormor bort.

**Allrakäraste Mormor**

Min modersgestalt. Hon som lyfte upp mig på köksbänken för att jag skulle se småfåglarna som åt från fågelbordet. Hon som visade mig var det fanns harsyra under trappen. Hon som berättade stolligheter och pratade om varsel. Hon som sa att jag var snofsig och att mitt hår lyste som guld. Hon som höll mig i sitt knä, sjöng 'Rida rida Ranka', 'Dansa min docka' och 'Prästens lilla kråka' och slungade mig ner i diket tills jag kiknade av skratt. Hon som läste högt ur *'Min skattkammare'* om och om igen.

Med mormor var jag aldrig rädd. Min mamma har berättat att min bror bävade inför att de skulle berätta för mig. Jag skrek rakt ut i ren förtvivlan och brast ut i avgrundsdjup gråt. Den sorgen. Den förlusten. Grävde ett djupt hål i mig, öppnade ett mörker och lämnade mig i ett töcken. Jag blev orädd, obrydd och arg.

Räddningen blev mina nya kompisar som var lika trasiga eller känsliga som jag och mina högstadielärare i svenska och engelska, först Ur och sedan Ti som såg mig och min smärta. Som lät den flöda och glöda ut i skrivna ord. Som jag skrev!

## *Att skriva med ljus*

På gymnasiet sökte jag mig bort från alla andra. Jag skrev ett brev för att beviljas undantagsplats på en estetskola i en större stad lite längre ifrån kullerstensstaden. Där fick jag en ny chans. Nya kompisar. Någon nästan lika trasig. Flera desto mer hela. Jag lärde mig att ha roligt. Blev mindre rädd. Mindre arg. Jag förstod nånstans att alla hemska tankar jag hade om mig själv inte var mina egna. De baserades på alla hårda ord jag hade fått höra under min uppväxt. På bussen hem från skolan satt jag och transformerade dem en efter en. Jag pluggade hårt, tränade ännu hårdare, gick på gymnasiediscon och dansade järnet på helgerna. Vi drack tills någon kräktes, någon annan bröt ihop och sedan dansade vi lite till. Jag sprang sönder foten och brände ut mig i tvåan när mamma var sjuk och jag hade slutprov i Matte E. Duktig flicka syndromet hade tagit ut sin rätt.

Den manliga läkaren bad mig att ta av mig jeansen. Med pappa sittandes snett bakom så tvekade jag men läkaren förklarade att han behövde få se mina höfter, för att urskilja vad som kan ha åsamkat mig stressfrakturen i foten. Sprint- och häcklöpning? Motvilligt drog jag av mig jeansen och blottade min spetsbeklädda tonårsrumpa. Läkaren bad mig sedan, till min förnedring, att böja mig både framåt, bakåt och åt sidorna. Pappa frågade efteråt om jag inte hade några större trosor. Nästa läkarbesök kom jag iförd heltäckande grå hotpants med en svart tribal där bak. Då frågade pappa om jag inte hade några vanliga trosor. En annan gång for vi in till akuten mitt i natten för att jag hade outhärdligt magont. Jag ombads att dra ner byxor och trosor och lägga mig ensam på sidan på en brits i ett mörkt rum. In kom sedan en manlig läkare och tryckte upp sina fingrar med plasthandskar och Vaselin i min ändtarm. Jag minns den kletiga känslan av att ha lösbajsat på mig och önskar att jag hade bett om en kvinnlig läkare.

Jag gick ut gymnasiet med skyhöga betyg men trots det så var jag missnöjd och sökte mig trött och besviken vidare ut i friheten, till konsten på folkhögskola. Där fick jag utrymme att må dåligt, läka, utforska kärleken och växa i min egen takt med stöd av kompisar och lärare. Teaterläraren kallade mina två kompisar för mina vapenbärare. En tjej som mådde ännu sämre än mig kallade mig sin ängel. Tänk vad en kan vara för en annan medan en knappt räcker till för sig själv. Jag slogs med kraftig prestationsångest och stångades med gravt mindervärdeskomplex.

Jag låste mig mitt i modelltecknandet, låste in mig på toaletten där jag lade mig på golvet och kved av smärta och otillräcklighet medan en orolig lärare utanför bad mig att komma ut. Jag kämpade på med måleriet men fastnade för fotografi. I mörkrummet fick jag möta min mörkerrädsla, framkalla och kopiera det jag hellre ville se.

Jag kom så småningom in på en mytomspunnen fotoskola. Det blev min räddning efter den där sommaren då allt gick åt helvete. Då blixten slog ner i björken på vår gård så den föll över vägen och satte stopp. Där och då släppte jag allt vad duktighet heter och rasade allt djupare ner i självsabotage och självförakt tills dess att min lärare ställde ultimatum mot mörkret. Antingen så tog jag mig an mörkret genom mitt fotografiska arbete eller så fick jag sluta. Jag blev bestört, besviken, arg och ledsen men förstod någonstans då hon sade att hon behövde sätta hårt mot hårt och tog fram den finska sisun. På bara en termin producerade jag sedan den rakt igenom fotografiska portfolion som skulle ta mig in till mina drömmars Konstfack första gången jag sökte.

### *Blott tjugotvå år gammal*

Lika gammal som min mamma var första gången hon blev sjuk. Jag visste väl inte riktigt vad jag skulle göra med all tid. Tre år av full frihet och en skattkista av kurser i skrivande, teckning, måleri, skulptur, fotografi, video, ljud, ljus, konst- och designhistoria. Teorikurser om allt du kan tänka dig, från etik och moral, fult och vackert, soft power, genus och orientalism till abjektet, det sublima, kitsch och barock.

Jag mådde fortfarande rätt dåligt. Första gången jag ringde vårdcentralen för att söka terapi tyckte sköterskan att det lät som om det gick bra för mig, jag gick ju på Konstfack. Nästa gång jag ringde var jag i lite sämre skick och blev tagen på desto större allvar. Det samtalet ledde till sju år i psykodynamisk gruppterapi där jag fick tid att berätta, uttrycka min sorg, lära mig att lita på män, alliera mig med kvinnor och att lyssna - både på mig själv och andra.

*Terapeuten kallade mig gruppens häxa*

Med hjälp av antidepressiv medicin landade jag på en plattform av lugn som jag vid den tidpunkten inte hade lyckats hitta på egen hand, tiden saktade ner och det blev äntligen tyst i huvudet. Knäpptyst. Jag insåg att jag hade känt mig jagad hela livet och agerat till stor del utefter det. Jag led och lider fortfarande till viss del av

*PTSD - Posttraumatiskt Stressyndrom*

Många gånger har jag handlat av rädsla även om mina största val alltid har varit djupt förankrade i kärlek, den som alltid håller oss om ryggen, även när vi rör oss i de mest destruktiva strömmarna.

Med tiden gjorde pillren mig till en avtrubbad, muntorr, avstängd zombie. Jag tyckte det var skönt. Att slippa vara jag, slippa vara för mycket, slippa tampas med alla känslor och intryck och behöva kontrollera mina uttryck. När terapeuten sade att min vitalitet var som bortblåst och min syster sade att hon tycker att jag är bättre utan medicin så slutade jag. Jag fick så småningom möjlighet att prova *EMDR - Eye Movement Desensitization and Reprocessing* där du följer terapeutens pendlande handrörelser för att liksom bläddra i arkivet, lite som under REM - Rapid Eye Movement, drömsömn fast i vaket tillstånd.

Under de få sessionerna så kom jag i kontakt med fysiska smärtpunkter, med ännu mer ilska och med var den skulle komma att adresseras. Främst mot män. Jag började kickboxas. Och mötte återigen den finska sisun i min kvinnliga tränare. Jag mätte min styrka mot den starkaste i gruppen och vann. Sparrades mot en manlig musikidol. Slogs mot min ilska. Slog lillfingret halvt ur led, blev slagen i Solar Plexus så att jag tappade luften och blev till slut sparkad i huvudet. Otillåtet och utan skydd. Där och då fick jag nog. Jag ville inte riskera att göra andra illa eller fara så pass illa själv. Min syster har i efterhand påtalat att jag under lång tid hade rymdlika blåmärken över halva kroppen utan att det hade rört mig ryggen.

# JESSIKA BJÖRHN

Jessika Björhn är utbildad konstnär, författare, korrekturläsare, översättare och kreativ skribent för konstnättidningen Volym. Hon har en Masterexamen från Umeå konsthögskola och en Kandidatexamen från Konstfack, inklusive skrivkurser såsom:

'Samtal om text' med Mara Lee, 'Uppdragsskrivande' & 'Kreativt skrivande' för Power Ekroth, 'Konst, makt och gullighet för Magnus Bärtås, 'Om samtidskonst och kritik' för Håkan Nilsson samt 'Den generella skriften' för Tom Sandqvist.

Jessika har fördjupat sitt konstnärskap inom shamanism genom att delta i Amazonska 'Sacred Fire of the Heart' ceremonier. Hon inspireras av häxkonst, alkemi, feminism, kvinnohistoria, ekologi, psykologi, filosofi och andlighet.

Jessika har undervisat i blindteckning, collage och cut-up poesi, iscensatt fotografi, vänsterhänt kroki, tarot och sha(wo)manism samt kuraterat två slututställningar.

Hon har publicerats i utställningskataloger, jubileumsböcker och nätbaserade konstmagasin. 2018 medverkade Jessika med ett ljudverk i Shanghai-biennalen. Sedan dess är hon även representerad hos ICIA - Institute of Contemporary Ideas & Art i Göteborg.

www.linktr.ee/shebeholds

5

# LYSSNA TILL HJÄRTATS INTELLIGENS

Heart 2 Heart Communication handlar om den transformerande resan från hjärnan till hjärtat, om hur vi kan skapa balans i tillvaron genom att lyssna på hjärtats intelligens och agera utifrån den informationen. Genom att kommunicera från hjärtat till hjärta kan vi undvika många missförstånd framförallt i relationen till andra individer. Ibland blir vikten av att lyssna till och följa hjärtats viskningar extra påtaglig. Sådana tillfällen kan vara när du låtit hjärnan fara iväg med dig.

Nyligen förlorade en vän till mig sin kamp mot cancern. Hon har under perioder varit en katalysator för mig och stöttat min utveckling. Hennes sjukdom och död har fått mig att i efterhand minnas de fina samtal och lärdomar hon gett mig. Några av de sista av dessa stunder ägde rum när vi av en tillfällighet låg inlagda på samma sjukhus. Jag hade precis opererat bort en tumör, den var inte på något sätt elakartad men satt lite opraktiskt till och behövde tas bort.

Att jag gick därifrån friskare och starkare medan min vän inte överlevde, väckte många tankar och känslor inom mig.

Jag har hela tiden varit övertygad om att tumören var min kropps sätt att tvinga mig att lyssna mer på mina egna behov. Lyssnar vi inte ordentligt och tar hand om oss själva är risken stor att kroppen till slut tar till storsläggan och vi blir sjuka. Jag påstår inte på något sätt att alla sjukdomar är självförvållade. Tittar jag på min egen hälsa har mitt beteende varit åtminstone en bidragande faktor till ohälsa. Jag själv har absolut fått signaler tidigare som jag ignorerat och till slut blivit sjuk på allvar.

I min önskan att finnas där för andra har jag många gånger bränt mitt ljus i båda ändar. Tyvärr är det så att våra djur ofta tar på sig ansvar för vårt mående. Till och med till den grad att de själva blir sjuka och t.o.m. dör.

*Exempelvis hade jag en vän som var svårt sjuk under många år och hans hundar tog på sig delar av hans smärta och bar honom på slutet av hans sjukdomstid. Tre dagar efter hans död blev den äldre hunden akut sjuk och det visade sig att hon var full med cancer. Intill husses död visade hon inte något av sin sjukdom. Hon ansåg att det var hennes uppgift att bära sin älskade husse till den grad att hon själv dukade under.*

Risken är stor att om du hjälper och ställer upp för alla andra för mycket kan pressen bli för stor, med följden att du inte klarar av att göra vad du måste för dig själv. Resultatet blir ofta att vi inte räcker till för vare sig oss själva eller vår omgivning. I förlängningen kan det leda till en så hög stressnivå att vi ”slår runt” mentalt, i mitt fall innebär det att jag först blir väldigt kort i tonen (läs otrevlig) och sedan helt apatisk eller paralyserad.

Varje andetag blir då en kamp och hjärtats viskningar hörs inte alls. När vi inte hör hjärtats viskningar och vi är fullt upptagna av att överleva är det lätt att falla av sin livsstig. Då lever du inte. Jo, du är levande och dagarna staplas efter varandra, men det betyder inte att du lever. Meningen är ju att vi skall följa vår livsväg och inte bara överleva.

*När du istället för att skapa ditt magiska balanserade liv, tittar på din livsväv och siktar in dig på den svagaste punkten du kan hitta, och sedan går du mot just den punkten med bestämda steg och skarpa verktyg för att hacka ett hål så du kan falla av din tänkta livsväg. Det är en supereffektiv metod för att stoppa din framgång. Tro mig jag har provat! På så sätt kan du också bevisa för dig själv och andra hur värdelös du är som inte ens klarar av de enklaste saker i livet.*

Detta kan vara en väg för din säkerhetshjärna att ta kontroll. Genom att inte spänna bågen, breda ut vingarna och låta luftströmmarna bära dig på okända äventyr vet hjärnan vad den har att hantera. Så om du sitter ordentligt fast är det helt enkelt inte möjligt att breda ut vingarna och flyga iväg till nya fantastiska mål. Du är fast i din situation och kan inte göra vad ditt hjärta och din själ vill och behöver för att blomstra. Vårt ljus och storhet kan många gånger vara mycket mer skrämmande än att sitta fast i en väldigt dålig men välkänd situation.

Ta ett djupt andetag och titta på din situation från en helt annan vinkel! Det är min fasta tro att inget i livet vill oss illa. Frågan blir då vad gåvan är i den situation som du befinner dig i ? Vilka lärdomar har den att ge? Även en riktigt dålig situation går att förändra, ibland behövs det bara ett förändrat synsätt, en annan synvinkel. Det betyder inte att det kommer att bli enkelt. Det skulle självklart varit enklare om du inte skapat den här situationen från första början, men eftersom du nu gjort det, finns det något du behöver lära dig av situationen. Livet visar oss ofta vad som kan komma att hända om du fortsätter att försöka plöja dig igenom trådarna i din livsväv, som i ett försök att undvika din tänkta livsväg för att uppfylla ditt högre syfte med detta liv.

*Vi har vår fria vilja att välja en annan väg men låter vi hjärnan bestämma är risken stor att vi fastnar i gyttjan. Där blir vi kvar tills vi tröttnat och fattar andra beslut samt agerar i enlighet med dem. Som en vän och aktiv AA:are sa för många år sedan" Det är först när du ligger i rännstenen och tittar ner som du är beredd att göra något åt det". Vi hittar våra respektive rännstenar på olika platser men det är oftast först när vi kan kapitulera fullständigt inför situationen som vi får kraften att göra de förändringar som krävs.*

Vägen tillbaka är nästan alltid fylld med större och mindre utmaningar. Att brottas med dessa är inte ett misslyckande, det är prövningar som testar om du verkligen är säker på att det var detta du vill. Många gånger beror prövningarna inte på att du tappat din hängivenhet och konsekvens utan för att du nu är tillräckligt stark att möta dem. Ju längre du kommit på din väg desto kraftigare tenderar utmaningarna att bli. Det blir nästan som om universum ställde frågan: Är du verkligen säker på din väg? Har du kraften att fortsätta din vandring?

En av mina största utmaningar i livet har handlat om pengar. Delvis därför att pengar är väldigt betydelsefullt i vårt samhälle. På många sätt kan pengar beskrivas som kondenserad kärlek. De representerar ju resultatet av den kraft och de ansträngningar som lagts ner. Pengar blir på så sätt en metod att värdera oss i samhällets ögon. Tillgång till pengar kan ge dig möjligheter till olika val och möjligheter att skapa andra saker med ditt liv än du gör idag. Om du har tillgång till den finansiella uppbackning du behöver blir helt enkelt dina valmöjligheter större. Det gäller för såväl om du har råd med mat för dagen, som om du har tillgångarna som krävs för att bygga ditt drömliv. Det handlar bara om olika skalor och behovsnivåer. Mat och tak över huvudet är väldigt basala behov som alla behöver. Att exempelvis köpa och driva en hästgård där människor med utmattningssyndrom kan komma för återhämtning, kan handla om att bygga ditt drömliv.

Genom att säkerställa att jag inte har de pengar som behövs för att genomföra det jag vill har jag kunnat bevisa att jag inte är värd framgång, jag är inte värd att älska. En annan aspekt är att jag inte kan uppfylla mitt hjärtas och själs syfte om jag inte har medel att göra det. Genom att inte göra vad som behövs för att ha tillgång till det som krävs för att bygga mitt drömliv, ser jag till att inte komma framåt. På så sätt kan jag bevisa för mig själv och alla andra att jag är ett misslyckande. Att ta hand om och hjälpa andra ekonomiskt men inte mig själv har visat sig vara ett framgångsrikt sätt att förstöra för mig själv. Därigenom begränsar jag mina möjligheter att hjälpa andra på den transformerande resan från hjärnan till hjärtat och läka med hjälp av djuren.

*Resultatet av min operation för några månader sedan var häpnadsväckande. Bortsett från det faktum att min kropp fortfarande behöver mycket energi , hade jag redan i början av läkningsprocessen en helt annan energi. Jag var inte tömd på min livskraft längre. Jag blev trött och behövde mycket återhämtningstid, men jag gick inte runt som en zombie längre.*

Fokus var på vad jag behövde praktiskt för att läka och inte vad mitt hjärta och själ behövde. Effekten blev ganska snart att min hjärna började ta tillbaka kontrollen. Jag slarvade mer och mer med de rutiner jag behöver följa för att må bra och hålla balansen. Med följden att min undermedvetna hjärna fick tillbaka kraften och kontrollen över mitt liv. Hjärnans behov av säkerhet först, innebar i detta fall att vara beroende av andra istället för att tro på mig själv och min förmåga att göra vad jag behöver för att följa min själs önskningar.

Det mest effektiva sättet att skapa det beroendet är att ta ifrån mig min ekonomiska frihet. I stället för att forma mitt drömliv måste jag då hålla mig på min plats och vara beroende av hjälp från andra. Samtidigt som jag på det sättet begränsar mig själv, uppstår ett annat litet problem. Jag kan inte längre andas fritt och måste kämpa för varje andetag. Insikten om att inte kunna få ordentligt med luft i lungorna på grund av den stress jag skapat är nedslående.

Att trilla tillbaka och fastna i gamla mönster är lätt hänt, men inte trevligare för det. Samtidigt visste jag att jag har makten att förändra min situation. Det var bara att börja om från början. För varje gång det har skett har jag suttit mindre fast även om fallet kan vara riktigt djupt ner. Vetskapen om att styrkan och förmågan att ta mig tillbaka finns har gjort att det numera går lättare. I stället för att fokusera på skammen och självföraktet att det hänt igen blev fokus: Jag vet att jag kan och det går! För jag har alla verktyg som behövs, jag har gjort det tidigare!

Som alltid är det mina djur som pekar mig i rätt riktning. För att de tvingar mig att lyssna på mitt hjärta igen. Deras ovillkorliga kärlek visar mig att jag är värd att älska och därför värd att verkligen leva och inte bara passera genom livet.

*En dag när jag rastade hundarna lyckades jag vara helt närvarande med dem och verkligen kommunicera från hjärtat med dem, så vi hade en härlig promenad utan några meningsskiljaktigheter. Min hjärna var "kvar hemma" och vi kunde interagera fullt ut även när vi stötte på störningar som springande katter och retsamma skator. Det kan tyckas vara ett litet steg men att kunna släppa stressen så pass att både jag och hundarna höll balansen var en stor seger för mig. Små, små steg och att uppmärksamma varje rörelse i rätt riktning är mitt framgångskoncept.*

Planering och struktur kan vara ett sätt att ”tänka efter före” och på så sätt öka chanserna för framgång. Det ger möjlighet till större närvaro i situationen och ger förmåga att lyssna till hjärtats signaler om hur du bör agera i situationen. Balans i tillvaron kräver att vi skapar en livssituation som vi kan hantera stressmässigt.

I EN IDEALVÄRLD SKULLE VI LEVA HELA LIVET I ”DEN GRÖNA ZONEN”, där allas stressbelastning är optimal för den aktuella situationen. I den ”orangea zonen” är stressfaktorerna är för stora för att vara optimala men vi kan fungera och fortfarande klara av relativt avancerade uppgifter som t. ex. nyinlärning. Vi kan fortfarande höra hjärtats viskningar under måttlig stress, så målet är att inte gå över den gränsen. För att hålla balansen måste vi undvika den ”röda zonen”, där du är för stressad för att fungera. När vi passerar den gränsen tar de mest basala delarna av hjärnan över och vi börjar springa i cirklar, bokstavligt eller bildligt.

I mitt fall resulterar den ultimata stressreaktionen i ett "frysläge" och i förlängningen avsaknad av livsvilja. Jag kan se helt lugn ut, verka avslappnad när verkligheten är att jag är totalt sönderstressad. Den klassiska bilden av när någon har nått sin stressgräns är att de agerar ut eller är riktigt irrationella. Men vissa av oss slåss eller flyr inte, vi kan bara inte röra på oss. I de situationerna tenderar folk ibland att tro att den stressade är lat, saknar normalt hyfs och ansvarstagande. Verkligheten är att det är totalt omöjligt att fungera, därför att kroppen stängt ner allt utom de mest basala funktionerna. I svåra fall kan även dessa vara en utmaning att genomföra.

I hela mitt liv har jag kämpat med den lata (stressade) bilden av mig själv. Min kreativa hjärna ser till att sysselsätta mig till utmattningens gräns, vilket innebär att återhämtning i form av vila är ett måste. När jag väl gör det landar jag ofta i ett "frysläge", för gränsen har redan passerats med god marginal. Med resultatet att jag då blir oförmögen att göra vad som behövs för att få mitt professionella och personliga liv att fungera.

*För ett antal år sedan satt jag och tittade ner i valplådan på de tio dagar gamla valparna. De små underverken med sin enorma livsvilja borde fyllt mig med glädje och livsvilja. Istället satt jag där och konstaterade att jag inte längre ville leva. Jag orkade helt enkelt inte kämpa längre. Livet jag levde kunde helt enkelt inte fortgå oförändrat, om jag skulle överleva. Det krävdes en stor förändring. Den insikten fick mig att på allvar välja annorlunda.*

*Jag kapitulerade och slutade kämpa. Valparna var drivkraften att välja livet och att aktivt söka efter min livsväg.*

Jag insåg snart att hjälpa andra att bli sitt bästa jag i samarbete med djuren var en del av min uppgift i detta liv. Den ligger väldigt nära min tidigare överlevnadsstrategi som handlade om att vara hela världens lyckopiller men från en helt annan vinkel. För att kunna uppfylla denna nya uppgift var jag tvungen att hitta balans i livet. För att åstadkomma detta var nyckeln att lära mig att se min egen storhet.

Det har aldrig varit några problem att se och acceptera de mörkare aspekterna av mig men de ljusare innebar desto större utmaningar. När jag i låg- och mellanstadiet umgicks med mina klasskompisar och de sa något positivt om mig som var ärligt menat så small det. När jag blev lite äldre lärde jag mig att inte fysiskt slå ifrån mig. Men jag använde min observationsförmåga och intuition till att göra motsvarigheten verbalt i stället. Med andra ord var jag inte alltid en speciellt sympatisk person.

I takt med att jag mognade blev jag snällare mot min omgivning men inte emot mig själv. Jag har under mitt vuxna liv alltid burit andra in absurdum. Jag har flera gånger gått så långt att jag förmodligen inte levt idag om det inte varit för att någon i min närhet gått in och skyddat mig från mig själv.

Dock innebar den där dagen vid valplådan en tydlig vändpunkt för mig. Jag nådde en botten och valde att ta fajten tillbaka till livet. Sedan dess har jag varit där och skrapat näsan mot rännstenen ett flertal gånger. Men vägen åter har varit lättare att välja för varje gång då jag haft fler verktyg för att skapa balans i livet.

Det har tagit mig nästan 50 år att förstå vad som händer, vilket i och för sig kan tyckas vara imponerande långsamt. Med ett liv som huvudsakligen levts i det orangeröda området krävs det inte så mycket för att tippa över gränsen. När det sker blir resultatet att hjärnan går in i skyddsläge, med effekten att jag inte är kapabel att fungera. Då börjar resan mot att åter hitta någon sorts balans igen. Oftast visar djuren mig att det är det hög tid att stanna upp och lyssna. Framförallt hundarna fungerar som "stresslarm". Larmet går oftast innan jag själv hunnit fatta vad som är på väg att hända.

*Min kropp läker verkligen, men på den resan har jag lyckats med att få min själ att krackelera. Jag gjorde ett medvetet beslut att prioritera min fysiska läkning och förlorade mig själv i processen. För mig är det förödande att vara frivilligt eller påtvingat ledig. Genom att inte möta klienter och kunder som påminner mig om min väg och vikten av den, har jag alltför lätt att låta min hjärna ta överhanden. Istället för att låta hjärtat leda och hjärnan följa efter. För att hålla balansen behöver vi lyssna och ha tillit till hjärtats intelligens samtidigt som hjärnan inte får kopplas bort helt, för då kan det bli obalans åt det hållet.*

Paradoxen är att jag gick sönder i sviterna av min sjukdomshantering. Orsaken var ursprungligen bristande agerande på hjärtats signaler. Jag hörde men lyssnade inte tillräckligt. Insikten av konsekvenserna och hur långt detta återfall gått, gjorde att jag åter tappade livsviljan. Men snart uppstod insikten att jag inte kan ge upp utan ta lärdomarna från denna resa för att hitta en balans som även håller för ledighet.

Lärdomarna började framträda som diamanter i den känslomässiga leran. För mig var det en fantastisk gåva att se vad som händer om jag inte följer mitt livs syfte. För att motivera mig att släppa det som inte tjänar mig längre och verkligen lyssna på hjärtats visdom.

En av nycklarna handlar om att läka mitt förhållande till pengar. Att sluta hjälpa andra människor ekonomiskt, till den grad att jag krossar mig själv. Andra delar handlar om självbild och mitt medberoende av andras välmående. Den gamla föreställningen om att mitt existensberättigande är baserat på att vara hela världens lyckopiller, är en tämligen omöjlig uppgift. Precis som alla andra beroenden kräver det ett ständigt medvetet arbete för att inte få återfall. Samtidigt är det viktigt att inte använda eventuella återfall till att slå sig själv i huvudet med och fortsätta på den destruktiva vägen.

*Den kanske största lärdomen handlar om vikten att våga stå för den man är fullt ut och inte ta den enkla vägen och att utåt fortsätta låtsas som det inte skett en transformation på djupet. När vi försöker förminska effekten av att vi följer hjärtats röst blir det ofta så att vi själva står i vägen för vår fortsatta utveckling.*

När jag lyssnar på mitt hjärta och själ blir jag inte "för mycket" utan kan anpassa mig efter situationen. Jag ger lagom av mig själv och slår inte in öppna dörrar i min iver att leverera. Det blir också lättare att vara väl förankrad här och nu i den linjära tiden, något som annars varit en stor utmaning för mig. Men jag är här och nu av en orsak och den är inte att driva bort i tid och rum. Den cirkulära tidens påverkan på den linjära tiden. Årscyklerna och månens faser påverkar oss och därför bör vi leva i samklang med dem och moder jord istället för att kämpa emot dem. Vi är biologiskt sett inte speciellt annorlunda än grottmänniskorna, även om våra liv ser väldigt annorlunda ut idag, så har vi väldigt lika behov.

Lyssna till din kropp och själ samt lärdomarna från moder jord. Allt har sin tid. Lyssna till ditt hjärta, det finns ingen anledning att bli frustrerad över de tvära kasten på livets stig. Allt sker i den tid du är redo för genomförandet.

Lyssna till din inre visdom och agera utifrån den. Ta den tid du behöver, gå ut i naturen och meditera, balansera din grundvibraton, greppa din trumma, träna yoga, andas medvetet eller använd de verktyg som passar dig bäst.

Lyssna till din inre röst, den kommer att visa dig vilket som är ditt nästa steg på din livsväg. När du verkligen lyssnar blir vägen du skall gå klar, som om den vore skriven i guld.

Du besitter styrkan att göra de förändringar som krävs för att följa din personliga väg. För att göra det behöver du släppa din rädsla och skam. Att verkligen kapitulera inför din egen storhet. Du är fantastisk som du är, ingen annan har dina unika erfarenheter och styrkor. Att verkligen lära sig att se sin egen storhet och älska sig själv utan förbehåll. Det är förmodligen den största, mest utmanande och krävande kärleken av alla. Vi har allt inom oss, de sidor som vi har lätt för att acceptera och de som vi helst inte vill se. Men vi består av såväl ljus som mörker på samma sätt som natt och dag, yin och yang, utan mörker finns inget ljus. Båda är lika viktiga för att finna balans.

*Lyssna till hjärtats intelligens för att finna balansen mellan säkerhet, hopp och tillit där den sammanhållande kraften är kärleken. Grunden för detta är din intuition som ger den unika dynamiska struktur du behöver för att hålla dig på din väg och undvika onödiga twistar och djupdykningar i livsväven.*

Du har allt för att hitta rätt till balans i livet. All kunskap och de verktyg du behöver finns inom dig, och har alltid funnits där. Du behöver bara kunna se och höra budskapet inifrån dig. Sedan behöver du lära dig att använda den. Allas våra livsresor är mer eller mindre utmanande och vi kan aldrig sätta oss in i en annan människas situation fullt ut. När det känns som tyngst kom ihåg att det alltid finns balans. Där mörkret är som störst är det också som ljusast på andra sidan.

Ta del av kunskapen i ditt undermedvetna och dess magi! Genom att uppmärksamma dina gåvor och förmågor kommer de bli tydligare och tydligare. På samma sätt som dina muskler behöver användas för att komma till sin rätt behöver din intuition och andra förmågor tränas för att nå sin fulla potential. Ingen annan har facit för hur de skall användas, det är dina val som avgör. Du har alla möjligheter framför dig. Använd dem och skapa ditt bästa liv utifrån just dina förutsättningar. Lyssna på hjärtat och se vad du enkelt kan göra för att minska din börda, gör sedan just det. Kom ihåg att det inte behöver vara stora steg för att skapa en hållbar förändring utan oftare handlar om en serie av flera små steg. Genom en långsiktig och balanserad förändring byggs en stadig grund i oss själva. Från den kan vi sedan finnas där för andra utan att gå sönder själva.

För att hålla en långsiktigt stadig balans i livet behöver vi upprätthålla den transformativa resan från hjärnan till hjärtat. Genom att vara i samklang med ditt hjärtas visdom blir din livsväg lättare att följa. Väv din livsväv tillräckligt flexibel och elastisk för att studsa dig tillbaka på rätt spår och inte falla och fastna i trådarna.

*Konsekvens min vän, du står på randen till något väldigt stort om du bara fortsätter att vara konsekvent i dina steg framåt. Dina steg behöver inte vara stora men målmedvetna. Att verkligen inse och acceptera din egen storhet.*

*Vad väljer du att göra? Fortsätter du på din väg eller ger du efter för rädslan?*

*Vi halkar alla och slår oss ibland, det är du inte ensam om! Släpp skulden och skammen, ge upp kampen och gå ut och låt ditt magiska ljus lysa upp vägen för dig.*

## KAJSA LEVANDER

Kajsa är en mångsidig entreprenör, ingenjör och inspiratör som coachar människor och djur.

Kajsa är VD för Byggnadsmiljö Mellansverige AB, där Kvartett hundträning och Kvartett Coaching ingår. Hälsa ligger henne nära om hjärtat oavsett om det handlar om byggnader, människor, djur eller natur.

Som djurtränare drivs Kajsa av samarbetet med djuren utifrån deras val att samarbeta. Detta har fått Kajsa att utveckla sina specialintressen, beteendeanalys och avancerat specialsök.

Med en bakgrund som hundtränare och coach har hon utvecklat Heart 2 Heart Communication, för att införliva människor och deras välbefinnande med lyhördhet för djuren. Genom ett helhetsperspektiv uppnår vi balans via den transformativa resan från hjärnan till hjärtat.

Kajsas arbete för att stötta människor och djur gör att hon bland annat införlivar gammal visdom från föregående generationer i vår tid. Bland annat med hjälp av meditation, avslappningstekniker, eteriska oljor från doTERRA och shamanska metoder i samklang med Mother Pinetrees Visdom®.

https://linktr.ee/Kvartett

6

# DRÖMMEN OM ETT BARN

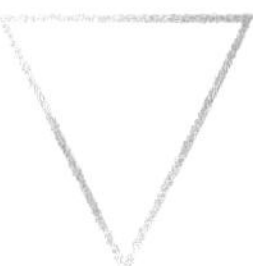

Fertilitetsläkaren sa till mig: ”Det är inget fel på dig, du har bara haft otur, det kommer nog att fungera med IVF. Vi börjar med hormonsprutorna till hösten”.

Men man kan inte ha otur 8 gånger tänkte jag. Då kallas det inte otur, då kallas det obalans. Detta var en obalans och en obalans kan alltid balanseras. Det visste jag.

Jag visste också att det var meningen att jag skulle bli mamma. Jag hade sett honom så tydligt i min dröm 9 år tidigare, min son. Då var jag bara 22 år gammal, nu var jag 31 och vi hade kämpat med att bli föräldrar i 5 år.

Efter samtalen med läkaren kände jag en styrka och en säkerhet i att jag skulle kunna fixa till denna obalans. Jag var orolig för hur hormonsprutorna skulle påverka min kropp och ville helst inte gå den vägen. Jag har också alltid haft mest tro och tillit till det naturliga och var rätt övertygad om att det skulle gå. Jag förstod inte varför det skulle gå bättre med IVF heller, jag hade ju inte svårt att bli gravid, bara att behålla mina barn i magen.

Jag kände att jag måste hitta en lösning. Jag kände också en styrka som jag inte hade känt förut. Jag skulle nämligen bli mamma och nu var det dags. Det var ju bestämt. Jag blev förbannad på att vården inte kunde ha en helhetssyn på människan. Det är inte alltid bara otur när man blir sjuk eller som jag, som hade haft mitt 8:e missfall. Då är det en obalans och den kan balanseras. Det finns en orsak till problemet och jag tror att det finns en lösning på de flesta problem.

Jag tror egentligen att det finns en lösning och att det finns hjälp att få för ALLA problem och sjukdomar, fysiska som psykiska. Bara man upptäcker dem i tid och att man är öppen och redo för att förändra sig själv, sitt mönster och sitt tankesätt. Att man slutar vara rädd för att möta jobbiga saker inom sig. Inte håller fast vid det gamla. Självförlåtelse och självkärlek är A och O.

Obalanser kan lösas upp, det vet jag. Inget är omöjligt. Att vara i balans är det mest naturliga för kroppen. Ibland behöver den bara lite hjälp i rätt riktning.

---

*"Naturliga krafter inom oss är de sanna helarna av sjukdom"*

*Hippokrates*

---

När jag var 20 år gammal träffade jag den stora healern och fantastiska människan Joralf Gjerstad "Snåsamannen" i

Norge. Han har gjort många många människor friska bara vid att vidröra dem. Blinda har fått synen tillbaka och allvarligt sjuka har blivit friska igen. Han var en mycket speciell person. Han tog dock aldrig en krona betalt av någon då han ansåg att det var hans kall i livet och att det inte var han som gjorde människorna friska, utan Gud.

Han hälsade på vår klass på folkhögskolan som jag gick på. Vi var tre tjejer som hängde, två av oss frågade Snåsamannen om han kunde hjälpa oss med några mindre problem, men den tredje tjejen vågade inte. Hon hade diabetes typ 1 och hade haft det sedan barnsben. Hon hade stora besvär med sitt ostabila blodsocker och vaknade i princip varje natt av att det var för lågt. Jag var hennes rumskamrat.

Hon blev rädd för att healingen skulle ställa till det och göra hennes diabetes värre och att hennes blodsocker skulle bli ännu mer ostabilt. Så hon gick därifrån, hon vågade inte få hjälp från denna man med magiska händer och magiska krafter.

Jag kunde inte förstå det, att hon tackade nej till att få en chans att bli frisk. Tacka nej till att bli bättre och att hon hellre valde att leva med sin sjukdom då det kanske kändes tryggare för henne. Men ibland sitter orsaker till sjukdomar och problem djupt. Jag bestämde mig för att aldrig vara rädd för förändring. Man måste våga chansa lite ibland, *om man intet vågar, man intet vinner.*

---

*"När du vill uppnå något, håll ögonen öppna, koncentrera dig och se till att du vet exakt vad det är du vill. Ingen kan träffa sitt mål med slutna ögon."*

*Paulo Coelho*

---

Efter besöket på Fertilitetskliniken åkte jag hem till lägenheten vi bodde i, min dåvarande make och jag. Jag hade bestämt mig, på riktigt denna gång. Nu var jag less på alla missfall och sjukhusbesök. Jag satte mig framför datorn och skulle googla fram den bästa kinesiologen i landet. Han som skulle kunna hjälpa mig och ge min kropp en putt i rätt riktning, ge min kropp hjälp att läka sig själv. Hjälpa mig att få behålla mitt barn i magen, hjälpa mig att äntligen få bli mamma.

Jag blundade först och skickade ut min önskan till universum.

Jag var själv utbildad kinesiolog sedan några år tillbaka, men vågade inte fortsätta att behandla andra då jag upptäckte tidigt under utbildningen att jag då inte hade en chans i att skydda mig mot andras energier och obalanser. Jag är en högsensitiv person och hade alltid stora problem med att jag blev påverkad av hur andra mådde. Jag hade inga tydliga gränser då. Ingen kontroll på mitt egna energifält så jag absorberade istället för att observera mina klienters obalanser. Jag blev rädd då jag kände så mycket från de jag skulle hjälpa. Däremot lärde jag mig mycket om kinesiologi och energimedicin i övrigt och visste vilken kraft det kan ha. Långt senare dock så lärde jag mig hur jag kan skydda mig. Hur jag skyddar mig från andras obalanser och energier och hur jag håller på min egen energi och kontrollerar mitt eget energifält. Tack vare Eleonor Amora Marklund och hennes kraftfulla 3 månaders coachning så lärde jag mig till slut hur. Då blev livet verkligen mycket enklare att leva.

Historien om missfallen och det efterlängtade barnet började först med att det var svårt att bli gravid, men efter 8 månader visade gravtestet oss ett efterlängtat plus och vi blev överlyckliga. Jag hade alla symptom man skulle ha; ömma bröst, svullen mage, illamående osv. Jag gick mitt första besök till barnmorskan och allt såg normalt ut. Jag kände dock på mig att något inte stämde, men valde att strunta i denna känsla. Barnmorskan sa att så länge jag hade alla dessa graviditetssymptom och inga blödningar så var allt i sin ordning. Jag ville så gärna tro på detta. Jag ville så gärna bli mamma. Höra till den gruppen, föräldragruppen. Vi gick in på olika föräldrasidor på nätet och följde utvecklingen av barnet i min mage, vecka för vecka.

När jag var gravid i vecka 13 och vi skulle börja berätta om graviditetslyckan började jag dock blöda och missfallet blev sedan en mycket långdragen historia. Det började med att jag först fick tabletter att ta för att få ut resterna från graviditeten, ont gjorde det och ledsen var jag. Det slutade dock inte blöda så efter några veckor blev det en skrapning i alla fall. Gynekologen sa att nu var det klart, allt var ute, de hade nämligen tittat med ultraljud både före och efter. Jag åkte hem med fortsatta magsmärtor och jag fortsatte att blöda under flera veckor.

En dag när det nästan hade slutat blöda började det plötsligt att forsa blod ur mig, det var på riktigt som att öppna en kran. Jag ringde min man som inte svarade, ringde hans kollega, ringde sedan ambulansen och ringde sist min mamma för att i princip säga hejdå och tack för allt. Jag förlorade mycket blod. Jag blev inlagd på sjukhus och fick flera blodtransfusioner.

Dagen efter blev det skrapning igen. Graviditetsresten satt kvar, den var inte borta. Kroppen försökte få bort den själv, men den satt för hårt. Dagen efter skrapningen fick jag besked om att nu skulle det vara klart, allt var borta. Jag bad dock överläkaren om att titta en gång till för säkerhets skull innan jag åkte hem, jag ville lita på min magkänsla denna gång. Läkaren skrattade lite åt mig, men gjorde som jag sa. Graviditetsresten var, som jag längst inne visste, kvar. Överläkaren skulle dock på semester i 4 veckor så jag skulle inte få komma tillbaka för en tredje operation på hela 6 veckor.

Jag hade blött och haft magont konstant sedan april, nu var det början på juli och han ville att jag skulle vänta i 6 veckor till med risken för att det skulle börja störtblöda igen. Det hade varit så mycket av blod, svett och tårar. Jag blev förbannad, men höll tyst.

Jag ringde ett annat sjukhus, där fick jag tid direkt och träffade för första gången en kvinnlig gynekolog, självklart skulle jag inte behöva vänta i 6 veckor. Operationen blev dagen efter, denna gången ett större ingrepp.

När jag vaknade efter operationen kände jag att nu, nu var det klart. Jag kände mig trygg. Nu skulle bara kroppen läka - fysiskt, psykiskt och mentalt...

Sedan följde missfall efter missfall, tack och lov inte så komplicerade som första, inte så fysiskt jobbiga, men den psykiska påfrestningen blev bara större och större. Jag kände mig misslyckad som kvinna. Misslyckad som fru. Allt kändes så fel, att bli mamma var ju det jag skulle bli! Jag fick inte känna tillhörigheten med andra gravida, andra mammor. Fler och fler vänner fick barn och jag kände mig mer och mer utanför i alla samtalsämnen. Alla samtal kring inskolningen på förskolan, trotsålder och olika utvecklingssteg.. Jag kunde bara lyssna, inte tillföra något. Min största önskan var att få bli mamma. Det var inte så mycket annat som betydde någonting längre. Hela livet kretsade kring detta och jag kände att jag skulle kunna göra allt för att bli mamma.

Jag ville inte berätta om missfallen för någon, kände aldrig att någon förstod. Trots att det var vissa som själva hade haft ett missfall någon gång eller försökt bli gravida i 1 års tid så kunde det inte jämföras med våran kamp kände jag då. Jag var så rädd för att bli besviken på dem och ångra att jag hade berättat.

Åren gick bara, inget hände, det kändes som att vi bara stod stilla, vilket jag hatar. Varje gång jag blev gravid så höll vi det för oss själva. Det skulle bli för tungt att tvingas berätta för alla när det sedan inte gick vägen. Det skulle kännas som ett ännu större misslyckande.

Alla par i vårat kompisgäng fick barn, både ett, två och vissa till och med tre och det kändes som en spark i magen varje gång.

Det var otroligt jobbigt när vänner ville berätta om sin graviditetslycka ansikte mot ansikte istället för på sms, jag hade då ingenstans att ta vägen med mina känslor. Personer i vår närhet som inte alls kunde sätta sig in vår sorg och som berättade att dom visste exakt hur det kändes att vara ofrivilligt barnlös då det minsann hade tagit dem hela 3 månader att bli gravida. Eller som när vissa valde mindre bra tillfällen att berätta om andra som äntligen hade blivit gravida, de som hade kämpat så länge för att få sitt tredje barn... Eller när min syster grät och grät för att hon mådde illa då hon väntade tvillingar och skulle bli trebarnsmamma. Självklart blev jag också glad för deras skull, men i början var det alltid väldigt tufft. Det kändes som att ingen i världen förstod och

jag blev besviken på så många under denna tid. Vi kände oss så ensamma. Det var alltid värst att få höra att de var gravida, sedan kunde jag vara glad för deras skull. Jag behövde bara lite tid, för mig själv. För att bearbeta informationen.

Men så är det alltid, med alla sorger och besvär, man kan inte förstå till 100 % det som man själv aldrig varit med om.

Jag gjorde fertilitetsutredningar på 2 olika sjukhus samt sökte hjälp hos akupunktörer, kinesiologer, homeopater, hypnosterapeuter, andliga kirurger, akupressörer o.s.v. o.s.v. Utredningarna visade inget fel och inga alternativbehandlingar hjälpte.

Vi flyttade från storstaden till en mindre stad. Började nytt jobb. Byggde drömhuset på landet.

En fredagseftermiddag på nya jobbet började jag känna en stark smärta på min höger sida, vid äggstocken. Jag åkte hem lite tidigare från jobbet och ställde mig i duschen för att försöka lindra smärtan lite. Det fungerade bra och jag stod ut med smärtan över helgen. Efter att jag hade cyklat till jobbet på måndagsmorgonen kom dock smärtan tillbaka, nu ännu mer intensiv än förut. En kollega insisterade på att köra mig till akuten och jag gjorde som hon sa. På gynakuten konstaterades det att jag var gravid, men att det lilla embryot hade fastnat i ena äggledaren. Jag hade fått ett utomkvedshavandeskap.

Jag kände mitt i allt konstigt nog en liten glädje i att jag trots allt hade blivit gravid igen, det var en stund sedan den senaste graviditeten. Helt värdelös var jag visst inte.. Jag blev hemskickad och skulle avvakta ett par dagar för att veta säkert att det var ett utomkveds. Dagen efter gick det inte längre, jag åkte in akut igen och blev opererad inom en halvtimme. Jag hade 1 liter blod i buken och äggledaren var nära att spricka så den togs bort.

Det gjorde otroligt ont i magen efter operationen och jag kunde bara sova sittande i en vecka efter. Nu hade jag alltså 20% mindre chans att bli gravid.

---

*"Du drunknar inte genom att falla i en flod utan genom att förbli nedsänkt i den."*

*Paulo Coelho*

---

Men så äntligen efter en 5 års lång kamp så hittade jag rätt person för uppdraget, när jag googlade dök han upp, kinesiologen Peter hjälpte mig och min kropp.

Efter varje behandling kände jag att det hände stora saker i min kropp. Det var mycket som skulle ut, många tårar kom och jag lät dem komma. Jag fick mer energi och allt kändes lättare. Vi behandlade fysiska problem, men även mentala blockeringar och händelser från barndomen och efter den 7:e behandlingen bara visste jag att nu, nu kommer det att gå vägen. Månaden efter blev jag gravid och jag kände hur all kraft hade kommit tillbaka. All oförklarlig kraftlöshet som hade skapat så stora problem för mig under så många år försvann efter den sista behandlingen.

Adoptionsbyrån där vi hade stått i kö i 4 år ringde, de berättade att de nu kunde skicka in våra papper till Ryssland. Jag var bara gravid i vecka 11, men jag hade sett mitt barns hjärta slå redan flera gånger på ultraljud. Jag kände mig så säker på att det nu skulle gå min väg så vi avslutade adoptionsprocessen.

Jag visste att mitt första barn skulle bli en pojke, inte bara på grund av min dröm 9 år tidigare, men på grund av en bild som jag fick till mig en kväll i tiden när jag var som mest förtvivlad och ledsen. Bilden dök upp i mitt inre precis innan jag höll på att somna. Det var som en mycket tydlig förstaklassbild på en pojke som var en blandning av mig och hans pappa. Jag visste då med all säkerhet att han skulle komma och det var kanske det som gav mig extra styrka.

En regnig junidag 2013 efter en kämpig 3 dygns-förlossning så kom han, äntligen. Jag var så sliten, kunde inte resa på mig utan att svimma, men jag var så lycklig.

Han var underbart söt, men långt ifrån den enklaste bebisen, den jobbiga förlossningen hade inte bara påverkat mig, men också min son. Han vägrade ligga på rygg och han ville vara nära hela tiden, dygnet runt och det var ok, självklart skulle vi vara nära nu! Jag gick med min son i bärsele eller bärsjal konstant i 6 månader. Han skrek sig blå och höll på att svimma varje gång vi lade ner honom på rygg. Liggdelen i den nya vagnen stod orörd. Blöjbytena blev stressiga och nätterna sömnlösa, men jag försökte njuta ändå. Varje gång jag tyckte livet var jobbigt så tänkte jag tillbaka på känslan jag hade när vi bara var två personer i vårt stora hus och längtan efter barn och ett hus fullt av liv var enorm.

2 år senare började vi fundera på att skaffa ett syskon till sonen, men jag hade svårt att bli gravid även nu. En eftermiddag när jag vilade i soffan såg jag henne plötsligt framför mig. Jag såg en omkring 2 år gammal blond flicka som stod i dörröppningen och tittade på mig. Hon såg nästan lite irriterad ut, som att hon ville säga att "Nu är det dags, nu vill jag komma till er!" Jag började skratta för mig själv och blev så glad, det var så tydligt alltihop. Jag visste att mitt andra barn skulle bli en flicka, men nu blev jag bara ännu säkrare på att hon faktisk skulle komma. Jag fick den säkerheten som jag behövde. Jag kontaktade min kinesiolog direkt för att balansera upp lite obalanser och denna gången gick det mycket snabbare. Juni året därpå kom hon.

Jag fruktade en till jobbig förlossning så jag tog kontakt med min kinesiolog igen när det närmade sig, han gav mig tips på akupunkturpunkter som skulle göra min kropp mer redo för förlossningen. Det hjälpte verkligen, jag kände direkt hur saker hände i kroppen när jag tryckte på dessa punkter och sedan gick det snabbt. Grannen fick till slut komma springande i morgonrocken för att hålla sonen sällskap då vi ringde barnvakten alltför sent och hann precis in till sjukhuset innan hon föddes. Vi var lyckliga.

---

*"Gå för det omöjliga. Jag försökte alltid hitta mina gränser. Hittills har jag inte hittat dem, så mitt universum är i ständig expansion."*

*Paulo Coelho*

---

När jag var i början av 20 årsåldern satt jag, min pojkvän och min storasyster och tittade på konståkning på TV. Jag har alltid tyckt om att titta på konståkning och drömmer mig alltid bort när jag tittar på det. Jag sa högt vad jag tänkte, att jag skulle kunna bli bra på konståkning. De andra skrattade högt åt mig och sa att det kunde jag väl inte, varför trodde jag det? Jag blev irriterad och upprörd, inte för att jag trodde att jag skulle kunna bli världsbäst i konståkning, men jag har aldrig tyckt om att andra ska begränsa mig och säga vad jag kan och inte kan. Jag blir lika provocerad varje gång någon försöker få ner mig på jorden och berätta för mig att min dröm kanske inte är så lätt att få till. Allt börjar ju med en dröm, en tanke och ett mål. Blir drömmen krossad redan från början kommer det i alla fall inte att hända något.

Jag har alltid känt att inget är omöjligt och det är alltid något som har hjälpt mig framåt. Hjälpt mig att hålla modet uppe och att hålla mina mål i sikte. Alltid tänka framåt. Inte gräva ner mig i negativa tankar för länge, men visualisera hur jag vill ha det istället. Har det varit svårt att visualisera det så har jag skrivit ner det. Jag har skrivit många sådana böcker.

Jag började intressera mig för alternativmedicin tidigt i livet och vid 16 års ålder bestämde jag mig för att jag en dag skulle utbilda mig till kinesiolog. Jag har själv fått hjälp med allt från ofrivillig barnlöshet till karpaltunnelsyndrom och olika allergier o.s.v. Jag har till exempel hela livet älskat djur och en egen hund låg överst på min önskelista under hela min barndom. Jag fick aldrig hund som barn då jag var riktigt allergisk mot pälsdjur. Men som vuxen och med egna barn så kände jag att det var dags att bota denna allergi en gång för alla. Jag hade dock försökt tidigare utan resultat, men jag kände att jag ville försöka igen och denna gång skulle det gå. Ingenting skulle begränsa mig. Jag bestämde mig för att mina barn skulle få växa upp med hund. Jag kontaktade en hunduppfödare, beställde en labradorhane och sedan gick jag ännu en gång tillbaka till kinesiologen Peter och fick hjälp. Tillsammans med homeopatisk medicin så fick jag bort pälsdjursallergin helt och hållet och mina barn fick en bästa kompis.

Pollenallergin fick jag också bort så nu kan även jag njuta av min favoritårstid, våren.

Ge aldrig upp för det mesta går att lösa.

Jag tror dock att man alltid måste veta vad det är som man vill ha och skicka ut den önskan, visualisera det. Kan man inte se det framför sig ens i tanken kan det bli svårt att få till det i verkligheten.

Man ska inte ge upp när det finns något man verkligen vill ha i livet, eller bli av med. Jag vet dock att det kan vara svårt, jättesvårt till och med och att inte alla lyckas. För mig har det ibland tagit flera år, men det har alltid gått till slut, på ett eller annat sätt. I en eller annan form..

Jag har också full förståelse och stor respekt för dem som faktisk gör det, som ger upp. Att till slut ge upp kampen om ett biologiskt barn till exempel efter år av kämpande kräver en ännu större styrka och mod och det respekterar jag och beundrar. Man måste kunna gå vidare i livet, stagnation är skadligt och ibland måste man stänga en dörr för att kunna öppna en ny och gå vidare.

Jag vill dock dela med mig av mina erfarenheter kring ofrivillig barnlöshet och att vi faktiskt lyckades till slut. Jag tror att om jag inte hade varit så envis så hade det aldrig gått vägen.

---

*"Ge aldrig upp, oftast är det den sista nyckeln på knippan som öppnar dörren"*

*Paulo Coelho*

---

# KAREN BRUHN

Karens stora intresse för alternativmedicin och tanken om att det finns mycket mer där ute än det vi kan se, väcktes då hon var 16 år gammal av hennes lärare i humanbiologi. Läraren pratade öppet om naturväsen, änglar och kroppens kraft att hela sig själv. Flera av elevernas föräldrar anmälde läraren just på grund av detta, men för Karen kändes allt väldigt logiskt och uppenbart och gjorde att saker föll på plats.

Karen har alltid varit mycket känslig för energier, är medial och högsensitiv. Hon brinner för hälsa och har alltid velat arbeta med och hjälpa andra människor. Hon har arbetat som sjuksköterska i många år, men har alltid brunnit lite extra för den alternativa medicinen. Hon är även utbildad kinesiolog.

Den andliga världen har alltid varit självklar för henne och hennes dröm är att kunna leva ännu mer i samklang med naturen. Att vara självförsörjande på mat är ett mål Karen har och ekologisk odling är ett av hennes största intressen. Hon håller just nu på att utbilda sig till trädgårdsdesigner, men kommer även att fortsätta sin resa inom energimedicin.

Karen försöker alltid att följa sitt hjärta då allt annat blir omöjligt till slut.

karen.f.bruhn@gmail.com

# 7

# DET FALSKA LJUSET

Jag kastade iväg en fråga igen, för vilken gång i ordningen hade jag tappat räkningen på, till ett medium via en andlig sida på Facebook som lockade med vägledning för en spottstyver. Det var många som erbjöd sina tjänster och det hade blivit som ett spelberoende för mig. Jag hittade hela tiden något nytt och för stunden superviktig fråga som jag ville få en andlig synpunkt på genom någon medial person. Min önskan av att få svar från impulser av saknad av något och någon i mitt liv var stark och jag reflekterade inte ens över att det tog större och större proportioner i mitt liv. Det gick inte att stoppa behovet av att ställa en fråga, hur stor eller liten den än var. Vilka det var som jag gav detta förtroendet till var jag inte helt på det klara med. De verkade reko och hade förmågor som jag ansåg att jag inte hade. Det fanns också ett spänningsmoment i det hela som jag inte kan förneka. En förväntan inför de svar jag skulle få, och vilka som från andra sidan ville förmedla vägledande information till mig genom de medium jag anförtrodde mig till. Jag fann mig själv med mobilen scrollandes sida upp och sida ner i tid och otid på olika spirituella sidor. Det fanns en ofantlig massa tjejer och kvinnor med förmågor utöver det man lär sig via skolplikten som erbjöd sina tjänster. Jag fascinerades av deras klärvoajans och att de hade ett liv utanför livet så att säga. Deras kontakt med olika dimensioner och andeväsen attraherade min fantasi på ett sätt som inte går att förklara.

Jag har personligen sedan barnsben varit känslig för energier med en förmåga att känna av energier från min omgivning och i rum jag kom in i momentant. Det var ingen i min familj som förstod min känslighet eller min kreativitet. Vi barn skulle vara ordentliga och väluppfostrade och allt utöver det fanns det inget intresse för. Jag försvann tidigt in i fantasins värld och hästarna i Windy-serien blev mina bästa vänner där jag drömde mig iväg till Australiens vidsträckta vildmarker i gemenskapen som hästflocken innebar. Djur var min stora passion och jag upplevde att jag hade en speciell kontakt med dem. När min egen häst fick avlivas efter en svår olycka i min tidiga tonår brast en fördämning utan att några tårar manifesterades. Traumat som händelsen innebar gav energi åt smärtkroppen inom mig som tog över och därefter styrde hela mitt liv med järnhand.

Om jag ändå hade nöjt mig med en fråga då och då genom en av de otaliga andliga forum som finns på Facebook men jag sökte mig även till medium i min fysiska närhet för årsläggningar och allmän vägledning. Det som förmedlades till mig var lockande och jag var förväntansfull inför det liv som tydligen låg där och väntade på mig på någon tidslinje jag lyckades missa hela tiden. Jag hade för övrigt inte en aning om vad tidslinjer var för något på den tiden och att det är existensen av tidslinjer som gör det möjligt att sia om en persons framtid överhuvudtaget, där medium kan utläsa vilka möjligheter som uppenbarar sig i en persons liv. Vetskapen om att min livsväg var inskriven i väven gav mig en känsla av betydelse. Det fanns en livsplan som var större än den längtan jag härbärgerade inom mig som ville något helt annat än det jag hade åstadkommit i mitt liv hittills. Känslorna tumlade runt inom mig och min otålighet visste inga gränser och jag var helt uppslukad av budskapen jag fick och lät mina drömmar kalibreras efter dem. Mina kunskaper om det multidimensionella universum som vi omges av var i princip obefintliga och jag var lyckligt ovetande om mina inre demoner, både egna och pålagda och lät gärna min fantasi skena iväg dit drömmarna var stora. Jag har alltid drömt stort och när jag fick det bekräftat av olika medium att min framtid var precis så fantastisk som jag gick och drömde om och till och med mer fantastisk än vad jag ens kunde föreställa mig blev jag ännu mer besatt av att få bekräftat att så var det. När min fantastiska framtid verkade dröja och mitt liv fortsatte som vanligt så anlitade jag ytterligare några nya medium för att få ytterligare bekräftelse, och de lovade att jag var på rätt väg och att det stora skulle dimpa ner i skallen på mig innan jag visste ordet av och då var det hålla i hatten som gällde. Jag såg mig själv på vattenskidor i full fräs med en hand på linan och den andra nonchalant på solhatten jag tydligen envisades med att ha på mig ute på det stora blå. Min teknik var avslappnad och elegant när jag gjorde en kraftig gir så vattnet sprutade på de som satt på bryggan med ett stort och innerligt leende. Livslusten pulserade i varje cell i min kropp och spred sig likt ringar på vattnet till min omgivning. Jag var spänstig och utstrålade en härlig vitalitet där jag for fram kanelbrun med solblekt hår och efterlämnade mjuka svallvågor på den blanka vattenytan. Det var gasen i botten som gällde och jag var precis så där stark, handlingskraftig och älskansvärd som jag alltid innerst inne vetat om att jag är men som jag så väl dolt för omvärlden. I drömmarnas värld utkristalliserades en längtan efter att gå på djupet med den feminina kraften inom mig själv, den pockade på uppmärksamhet och ville blomma ut bland jeans, t-shirts och frånvaron av män i mitt liv.

Jag hade blivit guidad genom ett medium att gå vidare med Gudinnekraften inom mig och att wombhealing var något som skulle gagna mig fullt ut i min personliga utveckling. Min andliga guide som så ofta kom upp hos de medium jag anlitade var en äldre herre med pipa i munnen som proklamerade att han ville mitt allra bästa och så gärna gav mig råd på min livsväg. Genom att läka min livmoder genom inkarnationer skulle jag nå min inre Gudinnekraft. När jag hittade en årsutbildning som passade in på den guidning jag fått var det som att få en bekräftelse direkt från Universum att jag var på rätt väg. Jag har alltid känt mig speciell och nu började pusselbitarna att falla på plats. Natural high var mitt stående mantra. Jag behövde varken droger, alkohol eller sex för att uppleva extas. Naturen var min bästa vän och utbildningen enligt shamansk tradition med deras kontakt och vördnad för naturen i kombination med det specifikt feminina talade direkt till mitt hjärta. De andliga inslaget i utbildningen tjusade mig och jag välkomnade den nya världen med en stor portion nyfikenhet och vetgirighet. Under en rosceremoni fick jag kontakt med Maria Magdalena, en uppstigen mästare i kvinnans kraft personifierad. Det var mäktigt och omtumlande. När jag fick kontakt med MM var det som att få ett kvitto på att min längtan efter att utveckla min feminina kraft fått gehör. En helt ny verklighet uppenbarade sig och jag fick någon form av medialt uppvaknande under de seanser som ingick i utbildningen. Min värld bokstavligen vändes upp och ned. Efter att jag fått kontakt med MM fick jag kontakt med mina kraftdjur, andliga guider och en rad Ärkeänglar och när även Galaktiska Federationen lät meddela att de fanns med på tråden var det nästan övermäktigt. De sistnämnda tillhör kategorin aliens men den särskiljningen gjorde jag inte där och då utan klumpade ihop dem alla som andliga väsen. En amerikanska jag följde på YouTube gjorde återkommande kanaliseringar från Galaktiska Federationen och nu satt jag där i min lägenhet i stan i direkt kontakt med dem. Att jag inte svimmade på kuppen är ett rent under. Jag hade kontakt med utomjordiska varelser, andar och Ärkeänglar på ett sätt jag inte ens kunnat föreställa mig i min vildaste fantasi. Det var ett pladder utan dess like och jag hade fullt upp med att begränsa aktiviteten runt mig samtidigt som jag på samma gång var jag nyfiken och sökte deras kontakt. Jag började med pendel och orakelkort men budskapen jag fick var så tydliga att jag inte behövde några hjälpmedel. Pendeln använde jag när jag ville vara hundraprocent säker på att jag uppfattat saker och ting rätt. Pendeln var klockren i sina svar med övertydliga ja och nej. När det inte fanns några svar att ge stod den bara och darrade utan någon cirkelrörelse och jag fick till mig att det betyder vet ej eller det finns inget svar att ge i den fråga du ställer. Den som inte varit med om det förstår inte vad det handlar om och viftar bort det som inbillning men energierna är så tydliga att det nästan blir obehagligt innan du vant dig vid kontakten. Äntligen fick jag bekräftelse på att jag var precis så speciell som jag alltid längst inne vetat om.

Under en av kurshelgerna på min Gudinneutbildning fick jag väldig huvudvärk. Det var som om någon var och grävde i mitt huvud på natten och det var besvärande. Migrän har jag aldrig lidit av och det var inte heller som en vanlig stressutlöst spänningshuvudvärk. Jag sov urdåligt och kände mig låg under hela helgen och kontakten med övriga deltagare utvecklades inte i positiv riktning. Min sociala osäkerhet var tillbaka och det var som om jag inte nådde fram till dem och till och med katterna gled förbi mig utan tecken på att vilja stanna upp en stund för en klapp. Jag kände mig utanför och försökte bortförklara det för mig själv med att det var en process jag gick igenom där jag var på väg att släppa gammalt karma för att ge plats åt nya härliga energier i mitt liv. Kurshelgen var till ända och min kontakt med det andliga intensifierades och jag blev mer eller mindre bergtagen och djupdök i det andliga livet. Jag insåg att jag kunde börja arbeta som medial vägledare och siare när jag såg att liknande budskap som jag fick till mig om vår framtid på Planeten Jorden var likt det jag tog del av från vissa grupper och enskilda personer som uppgav att de stod i direktkontakt med högtstående galaktiska varelser. Men någonting höll mig tillbaka från att börja delge omvärlden det jag tog del av via mina kanaliseringar. Hur skulle jag förhålla mig till all information jag fick? Jag kände mig rådvill och förbryllad samtidigt som jag inte kunde släppa kontakten. Jag var vetgirig om att få veta mer om precis allt från det ekonomiska systemet till miljögifter och etiken kring att äta djur förutom den uppstigningsprocess som Planeten Jorden och mänskligheten hade framför sig. De svarade tålmodigt på alla mina frågor men började sedan att ge tvetydiga svar som jag inte fick ihop och sedan började de successivt att presentera olika kändisars liv för mig där alla var framgångsrika och välsituerade. Då jag alltid haft en förkärlek för att tjuvläsa förstasidan på veckotidningarna i matkön, liksom lusläser det jag kommer över när jag är hos frisören har jag en hyfsad koll på vilka som gör vad. Jag fick veta av rösten i mitt huvud att jag var utvald och uppgraderad (för vad var lite otydligt!) och min betydelse för jordens uppstigningsprocess var av stor betydelse. De sa även att jag kunde bli som de, kändisarna alltså, framgångsrik, välsituerad och uppmärksammad offentlig långt från min lilla mörka lägenhet i en förort i storstaden. De ville rekrytera mig till ett uppdrag där mina krafter och förmågor skulle passa väl in och lovade att de skulle läka min hjärna som fortfarande hade restsymtom efter alla år av astralt maktintrång som föranlett inre som yttre stress på hela mitt energisystem genom den bästa healingen de kunde uppbringa.

Rösterna i mitt huvud blev mer och mer påträngande och jag började rensa upp bland de jag ville ha kontakt med. Så fort jag besvarade en kontakt med en tanke var det lika med att jag öppnade upp för vidare kontakt och efterföljdes av ett enormt arbete att begränsa kontakten igen. Jag kapade band och stängde dörrar tills jag var helt utmattad. Det pågick natt som dag och när jag inte fick sova utan att det skulle meddelas viktiga budskap om den fantastiska framtiden som väntade mig i den Nya Tiden blev jag till slut gruvligt irriterad. Jag ville sova, punkt! Men det brydde sig inte andevärlden eller de Aliens jag hade kontakt med det minsta om. Det var som att vara med i ett dataspel där de skickade ut impulser till min kropp och hjärna som reagerade utanför min kontroll och det började bli obehagligt och okontrollerbart. En olustig känsla växte sig stark inom mig och min magkänsla försökte säg mig något! Vad var det som pågick i mig och runt mig? Den kärleksfulla framtoningen och värmande orden från andevärlden hade successivt förvrängts likt ett kugghjul ett halvt varv åt gången näst intill omärkbart, så uppslukad som jag var av kontakten med himlasfären. Av en tillfällighet snubblade jag över informationen av att Galaktiska Federationen var korrupta. Det stämde lät de meddela när jag ställde frågan direkt till dem och jag började ana oråd i mossen. Vilka var det som fanns på andra sidan pendeln, vilka var rösterna i mitt huvud och vad ville de rekrytera mig till egentligen? I samma veva förändrades tonfallet i rösten i mitt huvud som blev påträngande, uppfordrande och än mer krävande. Det var något som inte stämde. Innan de hann fortsätta sin lista över alla fördelar jag skulle få i mitt liv om jag vigde mitt liv åt dem trillade poletten ned och jag formligen skrek rakt ut;

---

> ”Aldrig över min döda kropp. Jag bor hellre kvar i min mörka lilla lägenhet med en skrumpen hjärna resten av livet än faller till samma nivå som hon (svartmagikern som förvrängt hela mitt liv)”.

---

Den fria viljan är en grundläggande universell lag som står över allt annat. Jag fick implantatet borttaget av en multidimensionell healer och med det försvann den påträngande rösten ur mitt huvud. I samma veva läste jag att det fanns falska Ärkeänglar, de hade lurat människorna i långa tider om att de var goda men roade sig med att ge falska förhoppningar genom sina budskap och skrattade skadeglatt åt lättlurade människor från något moln högt ovan oss. Givetvis hade alla mina kanaler blivit kapade. Demoniska energisubstanser har medvetet kapat kanaler till högre dimensioner och förvanskat budskapet under långa tider. De blir bara fräckare och fräckare i sin framtoning och regelrätt spottar åt böner, Gud och den högsta källan. Det visade sig att healingcentret jag gick min Gudinneutbildning på var en direkt portal för greys vars uppgift var att sätta in implantat på utvalda offer där de kartlade tanke- och känslomönster som de sedan använde i manipulerande syfte. Jag inkarnerades med en initiering som innebar att jag var berövad och tillika befäst med krokar som skulle underlätta för de svartmagiker som kom i min väg att hänga på mig entiteter, blockera mitt livsflöde och min livskraft. Implantatet i mitt huvud var ett led i att vilseleda mig att jag nått ett medialt uppvaknande under min Gudinneutbildning där de kunde använda mig som en kanal för demoniserande energier genom bland annat healing och genom att ge falsk vägledning till de som sökte mina tjänster. Men även för att fortsätta blockera mitt livsflöde och livskraft då jag i god tro skulle tro att jag frigjort mig från allt vad svartmagikern genom åren skickat på mig av förgörande energier.

Det var som en kraftfull flodvåg gick genom hela mitt system från min innersta kärna och spred sig vidare genom det landskap som var mitt liv när jag tackade nej till att låta mig styras utifrån och alliera mig med dem. Jag tillät kraften i vattenmassorna att rensa bort allt som inte längre gagnade mig i mitt liv.

Jag valde mig själv och friheten framför genvägar till framgång och bestämde mig för att ingen eller något någonsin ska få leka med mina energier igen. Den andliga guiden som jag tydligen anställt när jag var besatt av ett illasinnat naturväsen vars enda uppgift var att vilseleda och rent allmänt jävlas med mig lät jag avskeda från sitt uppdrag. Processen med mitt skuggarbete började ge resultat och jag gled fram i medvind över det stora blå med blicken i skyn och fötterna djupt förankrade i moder jord åtskilligt visare och klokare. Mina drömmar är idag ännu större än någonsin. När jag dök ner i det okända visste jag inte vad som väntade mig mer än att det inte fanns någon väg tillbaka dit jag kom från. Insikten om att jag är skaparen av mitt eget liv omslöt mig när jag sjönk ner i den iskalla vaken väl hållen av min hjälpare och när jag kom upp till ytan igen befann jag mig i en vik med azurblått kristallklart vatten. Jag insåg hur lätt det var att låta sig förledas av det Falska Ljuset om du inte har kontakt med din magkänsla. Demoniska energier anspelar på vår längtan efter att vara speciella och utvalda och utnyttjar oss sedan för sina egna mörka och dunkla syftens skull. Om vi inte är medvetna och uppmärksamma på deras psykologiska lek blir vi lätt manipulerade och en bricka i deras spel.

# LOTTA ASSARSDOTTER

Lotta Assarsdotter banar vägen för Framtidens vårdmodell. Lottas personliga erfarenheter av astralt maktintrång har satt djupa spår inom henne. Vad vet vi egentligen om den värld vi lever i? Varför utesluter skolmedicinen negativa energisubstanser och aliens helt som en orsak till många av dagens både fysiska och psykiska besvär? Du är inte sjuk i huvudet! Detta är frågor och påståenden hon bland annat lyfter upp till ytan genom sin medverkan i ett antal multiförfattarböcker.

Indigos är här för att förändra världen och Lottas drivkraft är att få andra att se det som inte är synligt vid första anblicken men som påverkar mänskligheten starkt negativt.

https://linktr.ee/Assarsdotter

8

# LEVA MED EN ALKOHOLIST

## ETT LIV I MEDBEROENDE SÅ LÄNGE SOM JAG ACCEPTERAR

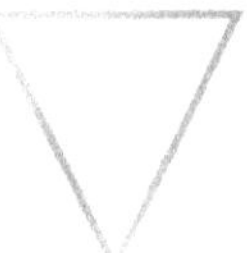

Försöker förstå hur turerna går, kommer inte förstå till fullo har jag en känsla av.

Vi är fortfarande i januari, inledningen av tredje året vi har ett förhållande.

En helg som var riktigt bra. Dvs vi var på en Hollywoodfest och han drack inte mer än att han stod på benen hela kvällen, försökte till och med dansa. Låter ju helt sjukt att helgen är bra bara för att han just under timmarna vi var med hans kompisar på fest och övernattning inte ballar ur totalt den här gången.

Men vi var en timme sena iväg för han drack hela morgonen och sov när jag kom hem.

Gick inte att väcka honom klockan 14 utan det blev 15.

Superjobbigt att köra bil med en onykter person i passagerarsätet som tycker det är kul och en rättighet att nypa mellan benen och kladda i största allmänhet. Han sätter igång spolning av rutan mitt under en omkörning av en lastbil i mörker och hällande regn så sikten försvinner totalt. Trodde i det läget att nu går det åt skogen. Blev totalt livrädd och höll i ratten rakt fram allt jag orkade medan vinddraget från lastbilen tog tag i bilen som krängde märkbart.

Bilresan i 2,5 timmar gjorde mig både gråtfärdig och förbannad. Jag var störtsur och kände mig allmänt otrevlig när vi kom till hans kompisar där vi skulle sova. Fräste åt honom och övriga helt oskyldiga människor i huset. Antar att de uppfattade mig som den jobbiga när jag gick undan för att klä om till festen medan han tog en drink och var allmänt social. När jag har pratat med en av de andra om händelsen efteråt så var det ingen som märkte att jag var arg och ledsen utan alla hade så fullt upp med att ha trevligt. Själv har jag grämt mig för mitt beteende, helt i onödan visar det sig. Jag har alltså tagit på mig en skuld som inte borde funnits i mitt medvetande.

Tidigare när han var hemma för att fixa sin bil innan avfärd, tog jag min bil och kör hundarna till dottern och fixar frissa till festen etc. Jag blev väldigt förvånad när bilen för långresan saknar tillräckligt med bensin och spolarvätska när jag kommer hem igen.

Jag är så blåst som åker!

Är en trevlig kväll värt en mer eller mindre skräckfärd?

Bilen fick jag tanka och ordna med för han ska minsann inte betala allt. Konstigt att det alltid är min lön som försvinner innan månaden är slut.

**Nu har det börjat med en total "drickavecka" igen.**

Han har inte sagt något om att sluta efter helgen eller att försöka använda helgen till att nyktra till. Det som gör allt ännu mer deprimerande just nu är faktumet att han dessutom spelar på nätet i sitt onyktra tillstånd. Tror förlusten var 20 000 kr under tisdagen medan jag var borta på bio...

Sedan hans son visade honom hur man spelar har det försvunnit i runda slängar 60 000 kr. Sen i julas kan tilläggas och nu är det bara vecka 4. Nästan rimligt att jag börjar hyperventilera med jämna mellanrum när jag sitter i bilen och allt bara sköljer över mig.

Ringde 1177, pratade med en syster och fick några nummer till stödorganisationer.

Det gick enligt hans uppgifter åt 100 000 kr på spelande innan han säger att han slutat...

Det han har gjort istället för att sluta spela är att ta hem pengar som skulle gå till en lägenhet på Malta och köpt en bil. Bilen har på något sätt mer mina kriterier för en bil än hans. Herrgårdsvagn med drag och diesel. Kan så klart inte säga något annat än att bilen, en vit Opel Insignia, är fin.

Undrar dock om bilen är ett sätt att bo kvar? Nu är det plötsligt inte så jobbigt att pendla igen. (Uttalat innan han ens har testat nya bilen.) Dagligen när jag frågar om lägenheter får jag till svar att det är så svårt samt det finns inget han vill ha. Jag har ringt Alkohollinjen 2 ggr under den senaste månaden. De är väldigt proffsiga, de som jag pratat med.

**Kan det vara så att när jag ber honom söka hjälp ser han det som ett sätt att bo kvar?**

Nya bilen och ovilja att söka hjälp, den envisa inställningen att han klarar sig själv mot alkoholen. Det jag har förstått nu om missbruket efter så många år är att det är ett beroende. När kroppen är beroende går det inte så lätt att bara stänga av och sluta. MEN det finns ingen utomstående som kan hjälpa till heller om den som är beroende inte vill själv.

Det enda jag kan göra är att sätta gränserna och ställa krav.

Vara stenhård med att drickandet får konsekvenser.

Gjort så när jag lämnat honom hemma en höstdag när vi skulle på dop med övernattning på hotell i hans gamla hemstad. Han var så full att han inte kunde stå när han skulle in i bilen, vilket blir en sådan paradox när han är väldigt välklädd inklusive trenchcoat och hatt.

Hundarna var lastade och väskorna. Jag tog ur hans grejer från bilen och åkte.

Dottern och svärsonen fick ta hotellet efter dopet. Jag och hundarna åkte hem.

Kan inte riktigt förlika mig med besvikelsen att han dricker så mycket kvällen innan, fortsätter på natten och morgonen. För mig var det en ovanlig familjehändelse som krävde full skärpa. Massor av människor som vi skulle träffa för första gången. Min bägare rann över och jag kunde inte utsätta mig för hans missbruk igen. Jag orkade helt enkelt inte släta över hans alkoholintag, ville bara få vara mig själv en stund med min familj och bebisens övriga familj.

Fick kvitto av Alkohollinjen att jag gjorde rätt som åkte ensam. MEN nya bilen och avsaknaden av lägenhet gör mig väldigt tveksam till att han försvinner.

Det linjen säger är att jag faktiskt måste bestämma mig för vad jag vill...

Här slår en alltför vek sida till hos mig för jag vill inte vara elak. Jag vill bara att han flyttar. MEN när hans standardkommentar är "tror jag behåller dig" blir jag mest ledsen.

För mig är ju funderingen att han inte har bestämmanderätt i frågan. Vet inte hur många gånger han friade under årens lopp och det var på allvar från hans sida.

Varför ska jag stå på jobbet och gråta för att han är hemma och sjuk/full?

Bilresan att fixa SIM-kort till WI-FI kommer i min värld bara att betyda alkoholinköp när han ändå håller på. Feber idag, fylla imorgon och resten av veckan.

Vecka 4 var han hemma hela veckan efter "Hollywoodfesten" på lördagen. Jobbar fyra dagar vecka 5. Tog ledigt fredagen för att titta på bilar och köra till en herrmiddag. Vet inte riktigt hur han jobbade vecka 6 för jag var inte hemma i slutet. Han var i alla fall inte nykter när jag kom hem på söndagen. Det han hade planerat med mys, bubbelbad och middag blev mat och sen sov han. Där satt jag själv vid bordet efter att han petade i maten och sen gick och lade sig. Det är en sorglig och ensam tvåsamhet att leva med en missbrukare.

Att han somnar tidigt i fullt tillstånd betyder nästan uteslutande att han vaknar vid tre.

Så också denna natt. Drygade sig resten av natten så jag inte kunde sova. Sex som ska dämpa ångesten när alkoholen släpper greppet tidigt på morgonen är ingen trevlig upplevelse för den som blir tvingad att delta. Jag är fysiskt stark men i de här lägena har jag ingen chans att försvara mig fullt ut. För mig blir det åter en dag på jobbet utan tillräckligt med sömn från natten och ett mycket tilltufsat mentalt tillstånd.

Hemma måndag, drack på morgonen det vin som fanns kvar från helgen för han hade 0,76 promille. Då går inte spriten ur till lunch och resan till jobbet. Fortsatte med folköl och somnade i vanlig ordning efter middagen måndag kväll.

Tisdagen blev intressant för först vaknade han vid fyra på sedvanligt fylleri-sätt så jag inte fick sova. Sen var han tvungen att åka till jobbet vid 10. Då hade han inget värde på promille mätningen men han mådde sjukt dåligt. Hela sängen skakade när han satt i den. Förstår inte att hans jobb inte märker hur dåligt han mår.

Nu ska jag på kurs fredag, sen åker jag på nästa kurs lördag morgon. Kommer åter söndag kväll. Sonen kommer att hjälpa till med hundarna så de klarar sig.

Fredagens kurs är förresten en grej som vi började med tillsammans under tidig höst förra året. Jag var så nöjd att vi kunde vara ute bland folk och faktiskt göra något. Tanken var att kursen skulle vara fredagskväll och lördag en gång i månaden. Han var med en fredagskväll och en lördag sen hoppade han av...

Blev dock kanonbra för mig då min bror hakade på kursen tillsammans med vår kusin och några andra kompisar.

Jag ska klara kursen och ta en mer aktiv del i friluftslivet som bjuds.

Vare sig han finns eller inte!

På tisdag börjar vårens kurs med ena hunden. Ska bli riktigt spännande. Hoppas, hoppas, hoppas att det blir bra. Då får jag en kväll i veckan borta från huset med hund som förhoppningsvis även ger hunden stimulans.

**Varför är jag så feg?**

Det enda rätta är ju att be honom fara åt helvete.

Det kan inte vara mitt problem var han bor.

Hur sätter man hårt mot hårt och ber någon dra oavsett om personen har ny bostad eller ej? Han kan ju hyra förråd till sakerna och bo på vandrarhem tills han hittar något. Här inbillar jag mig att en normal person vid sina sinnens fulla bruk hade flyttat. MEN så tänker inte en alkoholist för han har det ju bra med sin alkohol. Att det finns en annan person som gnäller, det stör inte tillräckligt mycket för att förstöra relationen till alkoholen. Här kommer den servande medberoende personen in och helt klart till korta...

En orsak till varför jag inte står på mig mer tror jag är osäkerhet. Jag är helt enkelt inte säker på vad han gör om jag blir helt avvisande. Börjar han slåss eller skada hundarna? Att han är fullständigt kapabel att ha ihjäl hundarna utan att blinka tvivlar jag inte en sekund på....

Däremot är han tack och lov för feg.

**Alkoholismen ett släktdrag?**

Den yngre brodern har hanterat faderns alkoholism genom att bli nykter alkoholist vilket just nu känns som det vettigaste ur dricka synpunkt. Den äldre brodern har en fru som håller honom i form så där har det enligt uppgift aldrig funnits problem med spriten.

Säkert en ganska normal fördelning, en nykter alkoholist, en alkoholist och en utan problem.

Sen kommer en lite mysko twist i min värld. Jag hade under fyra års tid trott att mamman liksom pappan var död i cancer, i mammans fall rökningsrelaterad.

MEN sista våren vi levde under samma tak kom hans yngsta son på besök och då berättade han om farmor som visat sig leva. Hur är man funtad när man låter sin sambo och hennes familj tro att ens mamma är död???

**Personlighet och uppväxt?**

Finns ett antal historier från uppväxten som gör att jag verkligen ifrågasätter om han är en snäll människa i grunden, vilket han så klart säger att han är idag. En aktivitet som han och en kompis roade sig med som barn/ungdomar var att kasta LP-skivor mot kor på bete så skivan fastnar in i kon. Han skrattar när han berättar och pekar ut över ängarna där korna betade när han var barn. Det väcker en sådan ångest hos mig att en människa ens kan komma på tanken att så medvetet skada ett djur på det sättet. Fast jag har ju sett hans ögon på mornarna när ångesten sätter in och det är något som också är svårt att glömma eller det han gör mot mig.

I helgen när jag var borta med jobbet köpte och drack han sprit, vilket han vet att jag helt motsätter mig. Kan han hålla intaget till vin fungerar han ju normalt dagen efter men när det blir sprit eller whisky inblandat är det verkligen kört i flera dagar.

Kroppen har tagit mycket stryk av all alkohol under mer än 40 år.

Summan av livet med en alkoholist blir:

Avsaknad av socialt liv.

Inget vin till god mat (inte väsentligt men en reflektion).

Isolering och ensamhet.

Ensamma aktiviteter när jag orkar.

Jag trodde verkligen att jag hittat en världsvan man som gillade socialt liv.

MEN han är en enstöring som lever för sitt drickande. Äter och dricker gärna på restaurang men bara vi två så ingen ser och jag kör alltid.

Han säger ofta att han älskar mig.

Frågan blir ju om jag verkligen vill att han gör det numera. Han säger då och då att han ska behålla mig för att jag är bra för honom. Blir golvad när han är så fel för mig. Det är ett ständigt pendlande i hans sätt mot mig. Älskar mig för att nästa morgon förgripa sig på mig.

Dessutom får jag höra att jag blir hans död när jag står på mig i någon diskussion.

Är jag fjantig som tar det som ett hot med tanke på att jag tidigare blev änka vid 30, genom självmord?

Hans kommentarer om att förhållandet ska vara resten av livet, leder också till funderingar om han är vänligt inställd eller om det är förtäckta hot. Sedan om det är mot mig eller honom vet jag inte. Det är inte på något sätt så att jag önskar livet ur honom men skillnaden i noggrannhet gällande samboavtal, testamente etc. då och nu i mitt agerande är påfallande.

Viljan att förändras drunknar i beroendet som missbruket skapat.

Det rår varken han eller jag på.

Så vad gör jag?

Hur gör jag?

Var drar jag min gräns?

Hur sätter jag press på honom?

Blir bara fler och fler frågor som jag inte kan svara på.

Vad vill jag????

Det går tyvärr något år till innan jag är klar över hur jag vill hantera alkoholisten jag lever med. Han ska fylla 60 år och vill åka till Indien i två veckor för att fira. Han köper till och med resa till sig och mig fast jag uttryckligen säger nej till att delta. Han fattar inte att jag faktiskt satt ner foten och inte ställer upp på honom längre. Ingen av oss åker till Indien.

Efter att han i åratal vägrat att flytta och haft miljoner undanflykter har bägaren äntligen runnit över för mig. Han får åter ett datum när han ska ut ur huset. Den här gången plockar jag av honom nyckeln och stänger av hans kod till larmet när han ska åka till jobbet. Han får givetvis hämta sina saker vid tillfälle men han kommer inte in i huset igen. Vart han tar vägen är faktiskt inte mitt ansvar!

Han, den välklädda och socialt belevade mannen åker ut med rumpan bar. Hans alkoholism och spelmissbruk blottas för myndigheterna och han hamnar på psyk i ett par månader innan han får ett stödboende. Han är mot mig djupt ångerfull och spelar alla kort han har för att få mig att ge vika och ta honom tillbaka. Jag hjälper honom hela tiden, köper choklad och cigaretter, kör kläder och saker till hans boende vartefter han tycker han behöver det. Fortsätter servicen åt honom även ekonomiskt för att han inte ska hamna hos kronofogden när han spelat bort sina inkomster och besparingar. De bortspelade summorna är i min värld gigantiska, han har erkänt 3,75 miljoner kronor men den verkliga siffran är antagligen högre.

Han vägrar att byta adress men jag sätter emot. Jag fick ta över hans Insignia för att han inte fick ha bil på det första stödboendet. Nu behöver han pengar och vill ha tillbaks den och det får han så klart mot att han byter mantalsskrivningsadress dit han faktiskt bor. Inom tre dagar från ägarbytet var bilen såld men min adress var bara min egen. Lycka!

Det är på något skumt vis en önskan hos mig att han ska ha det bra och vi håller en viss kontakt via messenger. Han är med till Stockholm på mitt återbesök efter en fotoperation och vi har en trevlig dag med lunch och lite fönstershopping innan tåget går hem igen. Det här blir dagen som han något år senare hänvisar till som sista gången han drack. Med tanke på att jag fotade honom med bubblet i högsta hugg så vore det osmart att hävda nykterhet även om han säkert gör det när jag inte är med.

När han förstår att jag bestämt mig för att inte under några som helst villkors vis ta tillbaka honom som man och sambo blir han elak. Det har nu gått 13 månader sedan han blev utslängd från det av mig ägda huset. Det dimper ner ett brev från en jurist som skriver att vi måste göra en bodelning och jag är skyldig att betala halva kostnaden för den. Får exet en BMW Z4 av mig så kan han tänka sig att lägga ner bodelningen. Till saken hör att på juristens hemsida står det klart och tydligt att anmälan om bodelning måste ske inom 12 månader från flytten... (I vårt fall fanns inget juridiskt samboförhållande heller vilket de mycket väl visste.)

Det bästa med hela brevet från hans första jurist var sista meningen.

---

"Min klient önskar att all vidare kontakt er emellan sker genom hans ombud."

---

Halleluja, hur skönt är det inte att inte behöva prata med karln!!!

Eller för den delen köra saker vartefter han tycker han behöver något. Han vill ju inte ha alla böcker utan bara två typ. Han vill ha ett par skor, inte hela resväskan som är full.

Blev en helt ny värld för mig. Den självständiga fasen, YES!

Det han trodde skulle knäcka mig och trycka till mig var i själva verket befrielsen som jag inte unnat mig själv i omvårdnaden av honom.

Det är inte så att en narcissistisk psykopat bara går vidare med sitt eget liv när sambon slutat vika sig för misshandel och psykningar. De lägger i en växel till, ibland skulle det vara roligt att veta exakt hur många gånger han var in på polishuset och försökte anmäla mig för bilstöld eller misshandel eller egenmäktigt förfarande mot hans bohag (den tror jag blir min favorit). Så länge det inte väcks åtal är den anmälda lyckligt ovetande, så även jag, även om han beklagade sig över att polisen la ner anmälningarna inklusive den om bilstöld av min egen bil innan han lämnade polishuset.

Han har avverkat fler jurister och advokater än fingrarna på en hand i sina försök att få någon att skriva en anmälan mot mig för ekonomisk skada och egenmäktigt förfarande av hans bohag, psykiskt lidande etc. Nu är det ju så att jag vände mig till kronofogden för att få hans saker vräkta, det skulle ta 6 månader, så jag lade ner det försöket. Tingsrätten var nästa väg ut även för mig, domaren kallade till förlikningsförhandlingar. Exets nya jurist hade så dålig koll på lagrum att domaren fick hjälpa till med rätt paragrafer som de ville åberopa under sittande förhandling ett antal gånger. Listan på saker som exet menade att jag hade i huset som var hans tog upp 7 A4-sidor, och värdet av sakerna uppgick till flera hundra tusen. Domarens min när min advokat hänvisade till den upprepade korrespondensen från mig att han ska hämta sina saker gjorde inte direkt att exet steg i graderna.

Resultatet blev att han faktiskt var tvungen att hämta sakerna under sommaren, han strulade ett antal gånger för att förhala det hela ytterligare. Däremot kvarstår hans ekonomiska krav på mig. Det blev domstolsförhandlingar igen på hösten. Jag hade med två av mina vänner på tingsrättsförhandlingen och de fick uppleva två män som började bete sig som översittarsvin men vartefter domaren ställde frågor, korrigerade det han och hans jurist sade och min advokat framförde vår syn på situationen försvann all pondus och kvar blev två små blå smurfar.

Ja, han verkar lika bitter som jag är glad.

Ja, han har saboterat runt mitt hus och indirekt gett sig på hundarna när jag och de inte var hemma.

Det hjälper inte honom men mig. Varje försök till kontakt han gör, varje förslag eller hot han kommer med visar mig så tydligt att jag gjorde rätt som skickade ut honom ur mitt liv. Det går att andas nu och vara lycklig. Ensam i en tvåsamhet är den värsta formen av ensamhet för du är så utlämnad och instängd. Ensam är stark, är bättre än det, bäst är lycklig och ömsesidig omvårdnad, hänsyn och kärlek på lika villkor.

---

*"Låt inte det du inte kan göra, blanda sig i det du kan göra."*

*John Wooden*

---

# MALIN LEDIN

Malin Ledin är en omtänksam, viljestark och lösningsorienterad kvinna som i Vattenspeglar gör sin debut som författare. Skrivandet har funnits med under många år som ventil när tillvaron varit tuff.

Änka vid 30 med två små barn, trodde hon fann kärleken igen när barnen var vuxna...

Idag arbetar Malin som platschef på en tillverkningsindustri, ett arbete hon verkligen brinner för. Det är mötena med människor som ger driv i tillvaron och skapar energier för att lösa situationer med personal och produktion som uppkommer mest hela tiden.

Malin är utbildat medium och healingen ligger henne närmast om hjärtat, även om Änglakorten kommer fram som stöd och vägledning för den som vill. Hästar för avel, träning och tävling fanns med under hela uppväxten till vuxen ålder när familjen fick ta sin plats. Med skogen och naturen inpå knuten ger numera strövtågen i omgivningarna tillsammans med hundarna den dagliga återhämtningen.

https://linktr.ee/ByLedin

# 9

# NÄR TANKARNA STYR

När man tittar på sitt horoskop så brukar det vara uppdelat i olika element. Det vill säga att utifrån den dag, månad, år och klockslag du är född så får du en karta över ditt horoskop och vi har då olika hus i olika element beroende bland annat på hur olika planeter stod just det ögonblick du föddes. För många år sedan köpte jag en sådan karta. Den visar att jag inte har ett enda hus i elementet vatten. Elementet vatten handlar mycket om känslor. Vad det betyder för mig att inte ha elementet vatten i mitt horoskop vet jag inte men jag skulle kunna gissa att det endera betyder att man har svårt för allt som har med känslor att göra. Alternativet kan vara att man istället har hur många känslor som helst. Jag är ingen expert på horoskop så jag vet faktiskt inte. Det jag däremot vet är hur det varit i mitt liv när det kommer till känslor.

Jag skulle nog vilja påstå att jag har haft ett ganska stort, intensivt och ibland stormigt känsloliv. Dock så förstår jag att många utomstående människor inte haft en aning om det för jag har nog inte visat det särskilt mycket utåt sett. Mer inom familjen och inom mig själv.

Jag har redan tidigt i mitt liv känt att jag inte riktigt passat in och inte blev förstådd. Att ingen riktigt kände mig och en del tidiga erfarenheter fick mig att känna att jag inte dög och jag utvecklade tidigt ett dåligt självförtroende. Det dåliga självförtroendet har påverkat väldigt mycket i mitt liv. Jag har mycket av elementet eld i mitt horoskop vilket har gett mig ett driv som hela tiden tagit mig framåt men trots det så har det dåliga självförtroendet hållit mig tillbaka på många sätt, inte minst när det kommer till mitt egna företagande.

Men om vi backar bandet lite så kan jag berätta att jag hade ett eldigt temperament som barn. En ilska som gjorde ögonen alldeles svarta har jag fått berättat för mig. Jag kommer ihåg alla gånger jag kände mig arg och sprang in på mitt rum och hur jag i ren frustration och ilska slängde igen dörren. Hur jag i samma veva slängde mig själv mot dörren för att det inte skulle gå att ta miste på att jag var arg. Att dörren skulle gå igen med en smäll. Så efter år av dörrsmällar så är faktiskt dörren fortfarande hel på ytan men inuti är allt som fnöske och jag kan höra det frasiga ljudet om jag trycker lite på dörren till mitt gamla flickrum i mina föräldrars hus. Elden som gav den ilskan finns än idag. Jag har lärt mig att hantera ilskan lite mer varsamt men jag vet att när jag vill förtydliga något eller vill säga något som är viktigt så låter jag lite arg och bestämd. Det är något som min familj definitivt fått känna på. Men jag är inte arg utan snarare frustrerad. Däremot är jag tacksam för elden för det är den som hela tiden fört mig framåt.

Samtidigt har jag haft en känslighet utan dess like som genomsyrat hela mitt liv. Fick ofta höra att jag var så svår. Jag sa inget, hade svårt för att uttrycka mina känslor och tankar i ord. Minns när jag var ledsen för något, när mamma inte frågade rätt frågor så sa jag inget och hon gav upp utan att nå in till mig. Hon förstod aldrig. Jag kunde aldrig formulera vad som var fel.

Ett tillfälle på kyrkans barntimmar (kommer ni ihåg kyrkans barntimmar som i princip alla barn i min generation gick på oavsett om föräldrarna var särskilt kyrkliga av sig eller inte). Det var pysseldags och jag hade satt mig för att börja pyssla men behövde hämta ett lim. När jag kom tillbaka så satt det ett annat barn på min plats. När jag försökte säga att det var min plats så blev jag ignorerad av både det barnet och ledarna. Jag kände mig både kränkt, ledsen och besviken men ingen brydde sig. Ingen förstod mig. Du är så känslig fick jag istället höra. Det kan jag ju nu som vuxen hålla med om att jag var men det sades på ett så otroligt nedvärderande sätt. Det var bara en av alla de gånger jag var ledsen och ingen förstod. Mamma såg att jag var ledsen men fick aldrig ur mig vad som var fel och gav till slut upp.

Men nu, så här många år senare, när jag tänker på dessa tillfällen, för många var dem, så tror jag inte mamma hade förstått ändå. Det var så stort och komplext, så djupt att jag själv inte förstod. Det resulterade tyvärr dock i att jag bara kände mig missförstådd. Att jag kände mig missförstådd fick nog mig bara att sluta mig ännu mer. Det resulterade bara i att jag byggde höga murar runt omkring mig för att skydda mig själv.

Trots det har jag genom åren haft väldigt lätt till gråt. När som helst blev jag gråtmild. Grät för filmer hela tiden, blev berörd av andras öden likväl som mitt eget. Gråten kom lätt när det var frågan om att visa mig, öppna mig för andra. Redovisningar i skolan var rena tortyren. Alla fniss och himlanden med ögon registrerades. Var så otroligt känslig för allt. Tog in otroligt mycket detaljer och energier och analyserade dem. Upplever att jag hade och fortfarande har väldigt ”långa känselspröt” och är ganska säker på att jag tillhör kategorin högkänslig som det så fint heter. Jag vet att jag ofta läste in känslorna i rummet så fort jag gick in där. Vilket gjorde att jag direkt visste om jag kom och störde eller om jag var välkommen eller inte. Sa jag nåt om det så blev svaret alltid – ”Du är så känslig”. Som om det var fult och dåligt att vara sådan. Det blev i och med det inte okej att vara jag. Det var mig det var fel på.

Många tillfällen som gav dessa känslor i mig hade ofta med kompisar att göra. Att i relationen med kompisar så kom vi många gånger till situationer när jag upplevde det som att jag var utanför, en känsla av att jag inte fick vara med. Jag minns när jag var yngre och jag en dag satt där i mitt flickrum och tittade ut genom fönstret och såg hur min kompis gick iväg. Vi hade nyss pratat med varandra och jag hade frågat om vi kunde träffas och hon hade svarat att det inte gick för hon skulle städa sitt rum. Där satt jag och tittade efter henne när hon gick iväg och var på väg till en annan kompis. Jag visste att det var till en annan kompis hon var på väg. Intuitivt så visste jag bara det. Fick det naturligtvis bekräftat senare att det var det hon hade gjort. Så jag önskar ibland att jag inte hade haft så lätt för att känna in hur saker och ting var. Att jag inte så lätt hade kunnat tolka situationerna. Det är lätt att tänka att det var jag som tolkade sakerna onödigt mycket till min nackdel och så kan det naturligtvis vara på ett sätt. Det är ju bara det att det samtidigt är så många gånger jag har fått det bekräftat att det jag kände var sant.

När mina kompisar bara gick ifrån mig och jag kände så tydligt att jag inte var välkommen att följa med. Ibland kanske det var så att jag inte hade velat följa med ändå men det hade varit trevligt att bli tillfrågad, att få haft valet att säga nej om det inte var nåt för mig istället för att bara bli utelämnad. Andra gånger när jag ändå följde efter mina kompisar så visade de så tydligt att jag inte borde ha följt efter genom att de ökade takten på sina steg. De ville som bort ifrån mig. Jag vet att det ofta var jag som valde att tolka allting mot mig själv. Men jag har inte hittat på situationerna, de fanns verkligen där. Sen förstår jag ju nu att jag med mitt sätt att tänka gjorde det så mycket svårare för mig själv.

Jag säger verkligen inte att allt var deras fel, jag förstår idag att det lika mycket handlade om mig. Det har till och med hänt att jag avstått att vara med på roliga saker bara för att jag visste att risken var så stor att jag skulle hamna i den där känslan av utanförskap och att jag då inte ville befinna mig där på utflykten på annan ort, ensam. Att jag tänkte att då är jag hellre ensam hemma där jag är trygg.

När jag blev äldre och fick barn så blev ensamhetskänslorna inte lika stora ett tag. På något sätt så blev väl känslan av att vara älskad av barnen något som fyllde upp mig lite. Dessutom så gick ju allt fokus till dem så jag tänkte inte lika mycket på mig själv. Livet fylldes av att ta hand om dem och att de skulle må bra och känna sig innerligt älskade. Åren gick och barnen blev äldre. De blev mer och mer egna personligheter och då såg jag ju mig själv i dem. Såg vissa egenskaper och likheter med dem på olika sätt och det fick mig att se och förstå mig själv bättre och situationer med dem har gjort att jag fått jobba med mina egna ”fel och brister”. Ju äldre de blev ju mer behövde jag ju släppa taget om dem vilket såklart är helt naturligt. Samtidigt blev det ju en period där jag än en gång fick möta mitt mörker. Att bli lämnad, att inte bli efterfrågad. När det gäller barnen så vet jag naturligtvis att jag är älskad av dem. Trots det så gjorde det ju ändå ont att gå igenom den perioden. Det väckte känslorna och jag visste instinktivt att det här är det jag behöver jobba med. Min stora blockering, mitt mörker som hindrar mig från att vara helt lycklig.

Så en av sakerna som jag jobbar otroligt hårt med i detta liv är just känslan av ensamhet och att inte vara efterfrågad.

Missförstå mig inte – jag har vänner och familj som tycker om mig, som efterfrågar mig utifrån deras förmåga och önskan. Det som dock har gått som en röd tråd genom mitt liv är känslan av att vara utanför, att inte vara den som efterfrågas och att inte bli vald. Det finns ju massor med tillfällen och situationer genom mitt liv när den känslan infunnit sig så starkt. Både med vänner och familjemedlemmar. Jag förstår att det är lätt att tänka att jag måste bjuda till själv först. Men det gör jag och har gjort genom åren. Ändå har det blivit så att situationer har kommit där saker blir på ett visst sätt och känslan finns där.

Känslan är så djup och sitter så långt inne. Jag vill inte känna så här längre. Det är så tydligt att jag måste jobba med känslan av ensamhet. Tanken att jag inte är efterfrågad eller viktig för någon. Ibland fördunklar den mitt sinne och gör så att jag inte ser dem som jag har runt omkring mig. För naturligtvis har jag människor i min närhet som jag betyder mycket för. Det vet jag rent förnuftsmässigt men trots det finns känslan av ensamhet där och det finns hela tiden situationer som bekräftar den känslan. Jag blev inte efterfrågad, jag blev inte vald, telefonen ringer inte och så vidare och jag känner mig utanför och med det kommer ensamhetskänslan.

Jag vill inte känna så här. Jag vet att jag ska fokusera på det jag har och inte på det jag inte har. Förnuftet vet allt det där. Ändå finns mörkret där och allt är så otroligt dubbelt. För på något sätt så räcker inte kärleken jag vet att jag får från mina nära och kära. Det blir aldrig tillräckligt för att komma över på andra sidan om tröskeln. Jag håller skenet uppe och det är nog rätt få som vet att jag bär på detta mörker. Men tiden är inne för att vända på detta. Att göra mig av med detta skräp, detta bagage oavsett vad det kommer ur. Jag har bett om att få släppa det nu. Jag har bett änglarna att hjälpa mig att släppa taget om dessa känslor.

Helt plötsligt blir jag triggad av en händelse eller någons ord och så sitter jag där och bölar, gråter floder. Bestämmer mig för att inte forska så mycket i vad allt grundar sig i. Jag behöver inte förstå för att kunna släppa. I alla fall inte nu, inte än. Det är så skönt att gråta. Att öppna på fördämningen och gråta ut all smärta. Oavsett om det kommer från situationer i detta liv eller från tidigare liv så välkomnar jag denna gråt. Jag går ner på alla fyra och låter moder jord ta emot allt jag är redo att släppa. Jag vet att jag kommer ut på andra sidan lite friare. Jag har gjort det förr. Det sker som i etapper. Den delen av mig som är återhållsam och rädd för vad andra kan tycka kan ibland vara livrädd för att någon ska komma in och se mig där och då. De skulle ju bli alldeles till sig och tro att någon har dött eller något sådant. Jag hulkar och nästan skriker ut min gråt och det kan pågå i flera minuter. Hur förklarar jag för dem att det bara är en del av mitt ego som håller på att dö.

Jag vill hellre leva ur hjärtat, fri att älska ovillkorligen. Utan förväntningar, utan krav på motprestation.

Jag förstår att jag behöver älska mig själv villkorslöst, att jag behöver sätta värde på mig själv oavsett vad andra tycker, säger eller gör. Att jag är värd hur mycket som helst bara för att jag är jag. Inte utifrån vad jag presterar eller gör. Jag har ju alltid upplevt att jag har som uppgift att hjälpa andra. Har alltid haft den typen av arbete där det handlar om att hjälpa och ta hand om andra människor. Det är på tiden att jag tar hand om mig själv först och främst och jag gissar att genom att göra det kan jag även bli ännu bättre på att hjälpa andra.

Idag vet jag att jag inte är ensam även om känslorna fortfarande kommer ibland. Idag förstår jag dem bättre och kan ta mig själv över dem, i alla fall för det mesta. Jag jobbar med det, bearbetar så gott jag kan men har än så länge inte hittat det som ligger där och skaver och är grunden till att känslan kommer. Får ibland fortfarande känslan av att inte vara efterfrågad. Ett exempel just nu i skrivande stund är när jag ser medförfattare till böckerna jag tidigare varit med i komma samman och samarbeta på olika sätt. Jag blir lite avundsjuk. Även om jag förstår att jag måste bjuda till själv så blir min tanke alltid till vem och hur? Vad har jag att komma med?! Däremot så är jag inget offer, jag tar ansvar för att allt detta ligger hos mig själv. Det är mina sår, mitt läkande, min utveckling och jag vet att ingen annan än jag är ansvarig för mina tankar. Jag ser fram emot när jag skalat av alla lager och när jag till fullo kan resa mig upp ur mitt eget fängelse.

Det dåliga självförtroendet och känslan av ensamhet går hand i hand och påverkar varandra. Kommer jag tillrätta med det ena så löser det andra sig automatiskt. De negativa tankarna jag har haft har varit förödande. De höll mig tillbaka. De gjorde mig osäker på att jag klarade av det, osäker på att jag förtjänade att lyckas. För att lyckas med företagandet så behöver jag arbeta mig igenom detta. För genom åren så har jag varit min egen största fiende. Begränsat mig själv och mitt företagande genom att inte tro på mig själv. Det får vara slut på det nu. Jag är kapabel, jag är stark och jag är kreativ. Jag kan fixa det här. Min högkänslighet har genom åren varit något jobbigt och något som påverkat mig negativt. Något som gett mig negativa tankemönster. Det är dags att vända på det nu. Vända högkänsligheten till något positivt. Det är ju egentligen en tillgång att vara högkänslig och empatisk. Det gör mig ju till en tillgång för andra. Min förmåga att känna in energier är ju något positivt och något som kan hjälpa människor framåt i deras utveckling.

Känslorna har varit stormande som dånande forsar eller som svallvågorna på ett hav när det stormar. Men ju mer jag jobbar med mig själv så kan jag ana att känslor även bara kan vara som en stilla bris på en skogstjärn. Det viktiga är att jag tillåter mig att känna dem men att inte göra dem till den jag är. Vi är så mycket mer än våra känslor och våra tankar. Våra tankar påverkar våra känslor och det påverkar hur vi beter oss. Dessutom sätter sig ofta obearbetade känslor sig i vår fysiska kropp. Det vet jag ju, det är ju till och med något jag brukar tala om för mina kunder. Hur viktigt det är att bearbeta sina känslor så de inte blir obalanser i vår kropp och påverkar vårt fysiska mående.

Ju mer jag jobbat med dessa sidor hos mig själv så känns det som att jag blir mer och mer sann mot mig själv. Att jag blir mitt sanna jag och då betyder andras tyckande och tänkande inte lika mycket, vilket är en stor befrielse. Jag skapar min verklighet alldeles själv. Det tog många år att riktigt förstå det. Jag satte själv mina begränsningar. Men min utveckling går stadigt uppåt. Mitt bagage är inte lika tungt längre och jag simmar inte längre lika mycket motströms som jag gjorde förr. Om livet liknades vid en å så flyter jag med bättre nu och det är en skön känsla att fridfullt bara flyta med.

# MARGITHA ERIKSSON

Margitha är en kreativ mångsysslare som vill hjälpa människor att må bra. Hon är i grunden socionom och har utbildat sig vidare inom olika kroppsterapier. Margitha har en tydlig healingförmåga i sina varma händer. Genom hennes företag KroppsRo erbjuder hon massage, kraniosakral terapi, ansiktszonterapi, healing och samtal för kropp och själ.

Margitha tycker om att pyssla, måla, bygga saker och blanda sina egna massageoljor, teer med mera. Hon vill med sitt klarvetande, sin kloka visdom och sin förmåga att hela hjälpa dig att må ditt allra bästa. Hon har genom sina erfarenheter mycket visdom att ge. Hon är utgiven författare genom sin medverkan i böckerna Eldfödd, Luftburna och Arise.

Margitha har bestämt sig för att aldrig låta dåliga erfarenheter stoppa henne. Hon upplever att skrivandet är som bästa terapin. Hon följer sitt hjärta, sin inre röst och litar på att insikter kommer när det är tänkt att de ska komma.

https://linktr.ee/margithaeriksson

# 10

# LIVET I DÖDENS VÄNTRUM

*15 Juni*

Jag sitter inne på onkologens vita, kala, kontor tillsammans med min närmsta vän Gunilla. Hon har spridd bröstcancer som växer ohämmat i både lungor, lever och bröstrygg.

Jag frågar läkaren om hon har några råd till Gunilla i det här läget?

---

- Gå hem och gör i ordning alla dina papper.

---

Med andra ord, gå hem och förbered dig på att dö, är det första jag tänker.

Jag kramar om Gunillas hand hårt. Jag känner tårarna byggas upp och gör allt i min makt för att inte gråta. Jag lyckas samla ihop mig för att möta hennes blick. Hon tittar storögt och tomt tillbaka på mig.

Jag ser hennes totala skräck, men också hur hon samlar ihop sina yttersta krafter för att behålla fattningen. Jag ser på henne att hon vägrar ta till sig läkarens ord. Jag har sett henne leva i förnekelse under dessa tre år, men nu borde hon förstå. Det både skrämmer mig och gör mig lättad. Lättad på så vis att hon nu kanske tar vara på tiden hon har kvar och tar de farväl som hon behöver ta. Skrämd förstås för att hon ska bryta ihop. Gunilla du är så sjuk att det är ett mirakel att du ens är här idag, säger läkaren. Det är ingen idé att vi går igenom de sista röntgenbilderna för det finns inte längre något vi kan göra för att stoppa detta. Dina provresultat visar att du är farligt nära leversvikt. Hon berättar att från och med nu är det palliativ vård, och hon uppmanar henne till att ta vara på den tid som är kvar.

Jag förstår att det är jag som kommer att få ta det här med henne. Få henne att förbereda sig för den sista biten på den här jordliga resan. Med tunga steg går vi sakta armkrok ut från rummet, och vidare ut i den långa korridoren en sista gång. Vi kan även i de svåraste stunderna ta lärdom. För mig blev det att våga möta det oundvikliga med acceptans. Jag var mer trygg i att må dåligt än att vara lycklig (Hur många känner igen sig?) Jag beslutade mig sedan något år tillbaka, när jag gick en kvantfysisk mentorsutbildning, där kontentan var att vårda sina inre och yttre miljöer. Att våga välja en gynnsam väg och vikten av att våga vara ärlig, främst mot sig själv, men även mot sin omgivning. Att följa sitt hjärta och gå utanför sina invanda mönster som gör att vi håller fast vid en falsk trygghet. Om vi inte lever vårt liv till fullo med hela vår själ, vad är meningen då?

Det var på den här utbildningen jag lärde känna Gunilla. Efter gårdagens möte hos onkologen med min vän blev det så tydligt. Livet handlar inte om hur länge vi lever utan hur vi väljer att LEVA det. Det är inte vad du gör, utan tiden du ger av dig själv som räknas. Det sanna nakna mötet. Genom glädje och sorg. Idag sörjer jag gårdagens hårda verklighet. Ja, jag tillåter min sorg att få komma ut för annars drunknar jag inombords. En dag i taget. Leva i nuet.

Gunilla valde att inte berätta om hur dålig hon egentligen var, för hon trodde att hon då attraherade in döden. Hon dolde all smärta bakom sitt stora leende och hon valde med omsorg att inte visa omvärlden hur hon egentligen mådde. Alltid lika positiv och stöttande till sin omvärld. Vilket blev en chockartad upplevelse för de närmaste som kom för att hälsa på henne på sjukhuset i tron om att hon bara var där för att tömma vätskan i buken. Sanningen var ju att hon låg för döden. Men Gunilla tog aldrig de orden i sin mun. Efter det sista läkarbesöket frågade jag henne:

---

- Du kommer aldrig lägga dig ner och dö väl?

---

Gunilla tittade på mig och svarade mycket bestämt att det kommer hon aldrig att göra, hon har alldeles för mycket kvar att uträtta. Det skall nämnas att vi efter varje läkarbesök under tre års tid även firade. Gunilla och jag blev experter på att tillsammans finna något positivt att fira efter varje genomgång. Det kunde vara att det tillkommit tumörer i levern men att en annan tumör i bröstryggen krympt. Då lade vi all fokus på det sistnämnda och gick ner och firade det resultatet i fiket. Det kändes viktigt för oss båda att aldrig ge upp hoppet och vi var båda väl medvetna om att våra tankar även påverkar vår fysiska hälsa.

I tre års tid har jag vandrat bredvid din sida Gunilla med vetskapen om att dina andetag är räknade. Redan innan du gick till läkaren visste jag att du hade cancer. Så från den dagen har jag förberetts på just detta som nu sker. Min första syn visades en månad innan du gick på mammografin. Jag höll i ett foto av dig, men hela tiden såg jag dig utan hår. Fast att du på det här fotografiet hade långt brunt hår. Då förstod jag att du hade cancer. Detta blev inte min enda syn dessvärre. Jag ville förstå meningen bakom dessa syner och varsel så jag frågade mina guider. Jag får svaret att det är för att jag ska hinna sörja, samla mod och kraft så att jag kan vara ett stöd för dig under den här resan. Först då kunde jag känna att varslen fyller en mening. Men jag kan ju inte säga till dig att jag redan sett utgången. Under alla dessa år har jag varit vid din sida. Vartenda läkarbesök har jag suttit bredvid dig. Vi har läst och sökt efter alternativa metoder och har kommit att bli otroligt pålästa inom detta område. Du valde din egen väg, du valde att kombinera den komplementära vården med den alternativa. Jag hoppades att min första syn skulle visa sig vara fel. Men sedan började synerna komma åter, då förstod jag utgången. Oavsett vad vi gjorde så var det redan bestämt. Jag såg din begravning. Tre gånger har jag varit på den. Jag berättade aldrig det för dig Söstra mi för jag ville inte ta bort ditt hopp. Tre år är en lång tid att veta att ens bästa vän ska dö. Tre år är en lång tid att oavsett den vetskapen finna mening och hopp. Men vi gjorde det. Vi gjorde det med bravur. Vi släppte aldrig taget om livskraften. Kanske visste du innerst inne att jag redan visste utgången. Kanske inte?

Du frågar mig aldrig om det och det är jag på något vis tacksam för. Men jag tror att du förstod mina förberedande frågor om utifall att... Det har inte varit lätt att skifta från att förbereda dig inför livet efter din död och samtidigt fokusera på att du ska leva länge till. Hitintills har vi alltid funnit någonting positivt att lägga fokuset på. Oavsett hur hemsk verkligheten ser ut. Och nu i slutet på den här resan när vi inte längre finner något positivt så fokuserar vi på skrattet, det utlösande skrattet som lindrar den hemska sanningen. Vi väljer att leva oavsett hur lång livslängden kommer att bli. Vi har lärt oss att stanna i nuet.

## *17 Juni*

En komisk anekdot var när jag var med Gunilla på Palliativa enheten för hennes planering framåt. Det kändes overkligt att sitta med en av mina närmaste vänner på ett sådant möte och prata om så svåra bitar. Men personalen där var fantastisk. Kuratorn frågade då om jag var Gunillas livspartner.

---

- Tja, på sätt och vis men vi ligger inte med varandra. Vi är vänner, svarade jag.

---

Läkaren och Gunilla började skratta. Många gånger har vi reagerat över att läkarna trott att vi är ett par. För att jag alltid är med. Då slog det mig. Är det så ovanligt att ens bästa vän följer med som stöd i sådana här stunder? Skrämmande i så fall.

Jag börjar ifrågasätta mycket i mitt liv just nu. Det är väl naturligt antar jag, men jag känner en ledsamhet över hur egoistiskt vårt samhälle har blivit. Att finnas till för sin medmänniska borde vara en självklarhet, men det är långt ifrån fallet. Det fanns de som inte förstod hur jag kunde lägga så mycket tid på att finnas där för Gunilla. Men för mig var det en självklarhet att vara där som vän och jag personligen kommer aldrig låta en människa tillbringa sin sista tid i livet ensam. För ensam var hon. Hon levde största delen av sin tid på sociala medier och hade ytterst få mänskliga och fysiska kontakter. Den närhet hon upplevde genom sociala medier och sitt arbete var otroligt viktigt för henne, men datorn kunde inte ge henne en fysisk kram.

### *29 Juni*

Gunilla är fortfarande hemmavid med hjälp från det palliativa teamet. Jag märker att rädslan för leversvikt har satt sig hos henne. Hon uttrycker en rädsla för att få leversvikt och somna in själv hemma under natten. Så vi bestämmer att jag ska ringa till henne varje morgon klockan åtta och om hon inte svarar då ska jag åka hem till henne för att se så att hon inte somnat in. En morgon ringer jag som bestämt klockan 08.00 men inget svar, jag ringer igen en timme senare, fortfarande inget svar. Jag blir helt kall, tänk om? Roxy, Gunillas hund är ju där hemma hos henne och jag får upp hemska syner där Roxy står och skaller bredvid Gunilla.

Jag sätter mig i bilen och kör upp till henne för att se om hon fortfarande lever. Med mig i bilen har jag min 9-åriga dotter. Hon sitter kvar i bilen medan jag på skakiga ben går fram till dörren och plingar på. Ingen öppnar? Jag har nyckel till henne och ska precis låsa upp när hon plötsligt öppnar dörren, och med förvånad min säger:

---

- Är du här? Jag får en behandling just nu.

- Åh, du lever utbrister jag, jag ringde till dig och du svarade inte så jag blev orolig och åkte hit.

---

Gunilla tittar med stora tårfyllda ögon och jag ser hur tacksam hon blev över den gesten. Hon är inte ensam. Jag kramar henne och åker hem igen.

*1 Juli*

Jag sätter mig bakom ratten... Känner klumpen i halsen, kompressionen i mitt bröst, ångesten och tårarna som är på väg. Det var inte så här det skulle vara.... Det var inte så här vi hade planerat. Men faktumet kvarstår. Jag kan inte förmå mig att vrida om nyckeln i bilen och köra i väg. Blir sittandes utanför Fonus Begravningsbyrå. Jag skakar för mycket för att kunna köra. Måste lugna ner mitt system först. Hur planerar man sin begravning och hur vill jag ha mitt sista avsked? Så viktiga papper att skriva och jag lovade att jag skriver mitt samtidigt som Gunilla, för att det inte skulle kännas lika hårt för henne. Det blir en naturlig del av livet för oss båda helt enkelt, att planera för "bortom" tiden. Styrkan i min och Gunillas vänskap är, bland annat, vår sarkastiska humor. Vi förlöser smärta genom skratt. Antagligen kommer vi skratta och skämta om hur vi vill ha det. Samtidigt som allvaret och planeringen tar plats. Bara andas Maria. Andas in. Andas ut. ”This too shall pass”, som Författaren Björn Natthiko hade uttryckt det.

Du vill att jag ska sjunga på din begravning. Jag bryter ihop i din famn, och du gråter och vi håller om varandra. Du kysser mig på huvudet. Jag säger att jag inte vet om jag kommer att klara av det men du är bestämd och säger att vi ska placera de låtarna tidigt i programmet så kan jag sitta ned sedan och ta det lugnt. Du viskade de vackraste orden till mig och dem kommer jag för evigt bära med mig. Vi talar om vad du skulle vilja säga till dina barn, och du vill även tillägna en låt till dem. The Rose.

### *2 Juli*

Gunilla är nu inlagd på den palliativa avdelningen och jag vaknar tidigt av att hon ringer mig. Hon är upprörd över att det inte finns någon varm mat som hon kan äta. Jag lugnar henne med att jag ordnar det och frågar vad hon vill ha. Hon har nu möjlighet att önska precis vad som helst men väljer en laktosfri McFeast med pommes och Coca cola. Denna måltid blev hennes sista. Skall nämnas att jag aldrig känt någon som har varit mer noggrann med vad hon äter än Gunilla. Hon tjatade ofta på mig att bättra mig och äta hälsosammare. Hon lärde mig otroligt mycket när det kommer till näringslära. Men nu ville hon äta McDonalds.

Jag pratar med personalen och de berättar att hon har sovit oroligt och frågat efter mig så jag känner att det är viktigt att vara vid hennes sida. Ge henne lugn och framför allt skratt. Så jag packar min väska för att bo uppe hos Gunilla på Palliativa. Personalen ordnar med en säng åt mig så att jag kan vara där hos henne. Jag har lovat att finnas vid hennes sida och jag håller alltid mina löften. Jag vet att hon alltid kommer finnas vid min sida, om än från andra sidan.

Gunillas största oro i det här läget är inte hennes egen hälsa, utan hur det ska gå för hennes hund Roxy. Tack vare ett stort engagemang så har detta löst sig på allra bästa vis.

Detta bidrog till att hon nu kan slappna av och tillåta sig själv att vila. Det finns fortfarande delar i det vita arkivet som du vill hinna fylla i. Så vi går igenom det viktigaste och lägger det sedan åt sidan. Efter mycket intensivt letande att finna din turkosa klänning som du vill bära när du begravs har den nu äntligen kommit upp hit till oss. Tack vare Gunillas vänner Carina H och Dolores O som lyckades finna den perfekta klänningen. Den ser drottninglik ut, precis som du ville ha den. Det var en av alla detaljer vi hann med när vi satt och fyllde i vita arkivet. Gunilla lyste upp när hon fick se den. Den är precis så vacker som hon föreställt sig.

Det palliativa teamet som vårdar Gunilla uppe på Säs är helt fantastiska. De gör allt de kan för att hon ska få det så som hon önskar. De tillåter mig använda eteriska oljor inne hos henne, även levande ljus och Gunillas favoritmusik spelas i bakgrunden. De visar både oss och Gunilla sådan respekt och vördnad. Gunilla önskade rosa, aprikos, vita och limegröna blommor till sin begravning. Vår gemensamma nära vän Eleonor Amora kom med den fantastiska idén om att hon ska få njuta av dem redan nu i stället för att hon bara får blommorna till sin begravning. Se dem och få känna doften av dem. Så hon ordnade en stor insamling som resulterade i stora vackra blommogram. Gunilla blev så glad och jag känner att så här borde varenda människa få ha sin sista tid i livet.

### *3 Juli*

Du sover så tungt min älskade vän. Jag baddar din panna och fuktar dina torra läppar. Ditt hjärta är starkt och din livskraft flödar fortfarande i dina ådror. Jag räknar sekunderna mellan dina andetag. De börjar bli många nu. Sakta håller du på att lämna oss kvar här i detta liv utan din fysiska existens. Det kommer bli så fruktansvärt tomt här utan dig och våra dagliga samtal om allt och inget. Jag känner din närvaro så starkt och jag vet att du kommer fortsätta vara vid min sida. - Mig blir du inte av med, var några av orden du gav till mig innan dina ord tystnade. Dina sista ord kommer jag för alltid bära stolt i mitt hjärta.

Jag är så tacksam för dig. Jag pratar nu med dig utan ord och du svarar. Jag frågade dig nyfiket hur det ser ut nu där i andevärlden. Jag blundar och med min inre syn ser jag hur du visar mig en massa ljus av transparenta droppar i regnbågens alla färger. Jag frågade om det inte var några andra själar där. Jodå, svarade du och visade mig sedan de energikroppar som befann sig på den här platsen. Både djur och människor var som lysande energikroppar som delar fält och information sinsemellan. Det såg vackert ut, så mycket ren kärlek. Jag kysser ömt din panna. Jag finns här. Alltid vid din sida. Jag lämnar dig inte. Jag älskar dig Söstra mi.

Nu har även vår bästa vän Kerstin C anslutit. Det känns skönt. Upp kom även vännen Jenny L som har tagit hand om Roxy de här dagarna. Nu gör vi den här resan tillsammans. Vi sjunger vaggvisor och håller om varandra och tröstar när sorgen blir för övermäktig. Det är det vackra med systerskap. Man håller varandra och hjälper varandra att andas. Just nu sover vännerna i kapp här medan jag läser det sista kapitlet ur Författaren Ania Munays *bok, Den röda jorden* för Gunilla. Det känns viktigt att jag hinner läsa klart den för dig. Det var din önskan. Och jag vill inte sova. Vill inte missa om du behöver mig.

Jag placerar mina klangskålar bredvid dig. Du sover tungt och fridfullt medan jag mjuk slår an på mina tibetanska klangskålar. Det sista som lämnar oss är hörseln sägs det. Jag kan inte tänka mig ett vackrare ljud att somna in till. Det är otroligt viktigt att våga vara levande även på denna plats här i dödens väntrum. Att inte låta rädslan ta över, utan faktiskt våga skratta, prata om livet och sådant som berör. Att fysiskt våga vara levande så nära döden. Vi masserar dina fina händer med eteriska oljor och filar dina naglar som du var så noga med. Att ha vackra händer är viktigt för dig. Vi tar av din peruk och borstar i ordning ditt riktiga hår som nu faktiskt hunnit växa ut en bra bit. Din vän Mira Mård bidrog med en kraftfull Förmödrarceremoni som hon trummat in specifikt för dig och som vi spelar upp för dig.

Din mor och far är här, och även dina älskade barn har kommit för att ta ett sista farväl. Det blev ett vackert men tufft möte för dig. Strax därefter kom våra vänner Kina H och Mari Ö upp för att ta farväl av dig men också för att hjälpa oss att få in vita arkivet till Fonus idag. Viktigt att vi hinner få in den medans ditt hjärta fortfarande slår. Jag vill inte lämna din sida i det här läget.

Du känns tillfreds och lugn. Dina andningsuppehåll börjar bli längre och du har nu fått lugnande för din oro. Det är vackert. Att vandra vid varandras sida från en värld till en annan. Vi håller handen och släpper inte taget. Det är endast handen som ändrar form. Hållandet kvarstår. För oss är döden lika naturlig som en förlossning. Och det känns viktigt för mig att lyfta fram det vackra i detta dödens väntrum.

Det finns ingen manual som säger att vårt sista väntrum måste vara vitt, kallt och utan liv. Våga andas och våga vara levande i den här miljön. Det är så viktigt. Hur önskar du själv att ditt sista väntrum skall vara?

VI SJUNGER VAGGVISOR FÖR DIG, håller om dig, baddar ditt vackra ansikte, väter dina läppar som nu blivit blåaktiga. Tvättar dina slutna ögonlock som nu är alldeles gula. Du börjar bli allt kallare. Vi sänder gemensamt healing till själva övergången, och med alla änglarnas närvaro och andevärlden håller vi rummet för din själ att släppa taget om din fysiska kropp. Kerstin, Jenny, din mor och far och jag är här hos dig tillsammans. Vi lyssnar på dina andetag, och jag kommer på mig själv med att räkna sekunderna mellan varje andetag. Din far gör likadant men han tar tid med klockan. Nu är vi uppe i 30 sekunder. Alla vi som vakar vid din sida tar varje andetag tillsammans med dig.

**20:03** Jag böjer mig över dig, lägger handen på ditt hjärta, kinden nära din mun.

**20:05** Som en lätt liten pust släpper du det sista andetaget fritt. Det landar mot min kind. Frid. Lugn. Storhet, harmoni och kärlek avspeglas i ditt ansikte. Du ler. Du är fri.

Jag bryter ihop och mina vänner Kerstin och Jenny sluter snabbt upp och håller om mig. Tillsammans, står vi starka. De stannar kvar och tar farväl av dig där men jag känner att jag ska vara kvar. Jag stannar och hjälper till att tvätta din kropp, vända på dig. Synen av dina ben fyllda av decimeterlånga blodblåsor smärtar mig. De brister och blodet rinner ut på säng och golv. Vi Byter omslag och gör det rent och fint. Musiken spelas samtidigt som ljusen brinner och de två underbara sköterskorna tvättar varsamt rent dina armar. Med sådan vördnad och respekt. Jag ler och säger att det här älskar du. Det här är som den skönaste spabehandlingen. Sjuksköterskorna smeker dina långa vackra händer. När de tvättat klart så tar jag fram min massageolja och de eteriska oljorna. Som en sista smörjelse. Jag börjar med att varsamt massera in ditt ansikte. Du ler. Jag kysser din panna. Du är vacker. Döden är inte längre skrämmande. Jag fortsätter tillsammans med sköterskorna att smörja in din kropp. Sedan droppar jag väl valda eteriska oljor på din panna, öronsnibbar, hjärta och handleder. Det doftar ljuvligt. Jag borstar ditt vackra hår och placerar en av blommorna du fått bakom ditt ena öra.

Vi klär på dig den vackra klänningen som du ville ha på dig. Och den sitter som gjuten på dig. Du är drottninglik. Jag valde det ljust blågröna överdraget till dig. Jag hoppas du ville ha den ljusa färgen. Jag tror det. Jag lade tre blommor i dina händer som en symbol och kärlek från alla dina medsystrar ute i landet. Jag trär på det vackra armbandet i turkos som Kerstin gav till dig. Sedan lägger jag den vackra rosenkvarts stenen formad till ett hjärta från Kerstin i din hand.

---

Du är fulländad.

Redo för jordligt avsked.

Lämna oss kommer du aldrig göra.

---

Efter några timmar är det även dags för mig att packa ihop mina saker och lämna dig kvar där. Jag är tom. Helt slut. Inte sovit på 2.5 dygn, vilken kraft det finns i dessa stunder. Jag kör inte hem. Jag kör direkt till min älskade Pickesjö. Jag har inte tvättat mina händer ännu efter att jag smorde in dig. Jag ville vänta tills jag kunde göra det i sjön. Regnet öser ner. Jag är helt allena på bryggan. Jag tänder ljuset. Tvättar mina händer i vattnet hos moder jord. Som det var menat.

Jag sträcker ut mina armar och låter regnet väta ner hela mig. Jag skriker ut min sorg, då kommer du till mig. Jag hör dig säga att jag ska gå in och sätta mig i bilen. Inte bli blöt och sjuk. Du vill att jag ska åka hem och sova. Ta hand om mig själv. Jag gråter och svarar att kan jag inte bara få sörja lite. Då slocknar plötsligt ljuset trots att det står skyddat under lock. Jag förstår piken Gunilla. Jag har väl inget annat val än att åka hem.

-*Nej,* svarade du leende men bestämt.

Som i dvala kör jag hemåt. Minns inte ens vilken väg jag körde. Nu är allt stilla. Varandet i tomheten fyller hela rummet inom och utom mig. Jag känner din närvaro hos mig. Du smeker min kind och håller om mig när jag slutligen somnar. Oroa dig inte för mig, jag klarar mig alltid. En dag i sänder.

Andas i Nuet. Önskar bara att andetagen inte skulle göra så ont. Genom tacksamhet guidas jag tillbaka till lugnet. Tacksamhet för Livet.

---

-*Har du jordat dig?* Varje dag påminde du mig. Du var orolig för mig. Att väggen skulle omsluta mig.

---

Älskade söstra Mi, Jag lovar att jag ska leva mitt liv. Jag ska ta hand om mig. Nu har sorgen flyttat ut till en av kamrarna i mitt hjärta. Sorgen och jag har långa samtal med varandra.

Styrkan är inneboende och delar våra samtal. Tiden läker alla sår? Hm, jag vet inte om jag kan hålla med om det. En dag hoppas jag att jag inte ligger och räknar tiden utan lever den i stället. Fullt ut varje dag. Nu vilar jag och samlar kraft inför mitt nästa löfte till dig. Att anordna din begravning. Så som du önskar. Precis som den här bokens titel, Vattenspeglar, har många droppar slutits upp runt min vän i hennes sista stund och det är kraften av dem som nu kommer bilda ringar på vattnet.

---

*"Det viktiga är inte hur länge vi lever livet.*

*Det viktiga är att vi lever livet levande!"*

---

## MARIA ANDREASSON

Maria är en allkonstnär som genom sina skapande verktyg bidrar till frigörande av sina klienters fulla potential. Med sin målarpalett dyker hon in i detaljerna, själsligt och fysiskt in på cellnivå.

Maria är född synsk och arbetar som certifierat medium, änglamedium, transmedium och healer.

Hon kanaliserar sina guidade meditationer men även i sitt konstnärskap där hon kanaliserar kraftfulla målningar.

Maria är diplomerad soundhealerterapeut och erbjuder både enskilda klangmassage sessioner samt klangbad för grupp.

Alla våra sinnen behöver stimuli för att maximera vår potential enligt Maria som även är diplomerad regndroppsmassör. Dofterna från väl utvalda eteriska oljor finns med som självklara redskap i så gott som all Marias verksamhet.

Maria brinner för att kombinera den själsliga hälsan med den fysiska. Båda delarna behöver vara på plats för maximalt välmående. Genom testbaserad hälsa erbjuder Maria individanpassade kosttillskott för personlig balans av näringsämnen. För att dessa ska tillgodoses fullt ut så krävs också en optimerad mikrocirkulation, vilket man uppnår genom en medicinteknisk utrustning, certifierad för behandling i hemmet. Maria brinner för den kombinationen och ser dagligen de positiva hälso resultaten på de hon hjälper.

https://linktr.ee/Maria_Andreasson

# 11

# ATT VÅGA SLÄPPA KONTROLLEN!

Jag delar min historia för att jag hoppas att den skall hjälpa någon annan som känner igen sig i det jag skriver.

Jag är en person som tycker sig ha fötterna på jorden och gärna vill ha personliga upplevelser för saker och ting vilket kan göra att jag uppfattas som skeptisk många gånger. Jag är en empat och har ett stort hjärta och skulle gärna hjälpa hela världen om jag kunde men har fått ta flera steg tillbaka för att jag lätt tappar bort mig själv och tar inte hand om mig på det sätt som jag behöver för att må bra.

Jag är en känslomänniska och inom mig flödar alla möjliga känslor som jag inte alltid kan identifiera eller förstå. Om någon frågar vad jag känner kan jag oftast helt ärligt inte säga det för jag vet inte.

Mina känslor är något som jag alltid omedvetet och automatiskt hållit inom mig. Jag visar sällan utåt vad jag känner även om dom som verkligen känner mig ser direkt om det är något, men jag försöker nog alltid vara så neutral som möjligt. Mycket för att inte sticka ut och vara den där högljudda utmärkande personen som många tycker är för mycket och konstig här i Sverige. Jag brukar tänka på det när jag ser personer som skriker av lycka eller av sorg och det känns så främmande att göra det även om det med all säkerhet skulle vara väldigt förlösande att släppa känslorna fria på det sättet.

Naturligtvis så ler och skrattar jag när jag är glad och gråter när jag är ledsen men dämpar omedvetet ner mina uttryck och ibland önskar jag faktiskt att jag skulle få uppleva den där euforin där det inte går att hålla tillbaka exakt vad jag känner. Att gå ut i skogen och dansa och skrika skulle vara riktigt förlösande och underbart, men så kommer dom där tankarna "tänk om någon ser och hör mig", då skulle jag ju skämmas och så blir det liksom inte av. Avundas dom som öppet utövar t.ex. yoga på en strand på semestern eller på någon brygga eller var som helst, även när det är folk runt omkring. Det är något vackert och fridfullt över dom.

Jag blir ofta väldigt rörd men biter oftast ihop och döljer för att inte tappa masken. Tittar jag på något på tv t.ex. och blir rörd så tårarna rinner så försöker jag dölja även det för det känns skamligt. Varför det är så vet jag inte riktigt men jag tror det hänger ihop med att jag kände mig så fel i skolan när jag blev mobbad. Det är något slags skydd.

Jag är en väldigt överkänslig person som lätt tar åt mig och kan grubbla länge på något som någon sagt eller gjort. Istället för att fråga personen så går jag runt och har ont i magen och mår dåligt. När jag sedan grubblat på många såna saker som lagts på hög så behövs det så lite för att det ska brista, och då kan en liten bagatell bli ett stort bråk och personen som då blir drabbad förstår oftast ingenting! Då kan mycket som jag tycker och tänker komma upp och så blir allt så fel, bara för att jag inte kunnat reda ut det direkt eller bara släppa det. Detta har gjort att jag många gånger inte trott mig ha rätt att tycka och tänka vad jag vill, utan trott att det bästa är att jag är tyst och bara hänger med eftersom det vid dessa tillfällen blivit så fel. Att vara en person som lätt tar åt sig är jobbigt! Man kämpar för att alltid vara älskad, vara den alla vill vara med. Man vill vara den som andra kommer och ber om råd hos och som är felfri. Man är alltid orolig för att andra ska prata illa om en, se ner på en och tycka att man är ful, fet och konstig, obegåvad och ja, allt sådant som jag tror de flesta inte vill förknippas med! Det skapar väldigt mycket obalanser i kropp och själ. Jag vet ju att alla inte kan älska alla, att man inte passar ihop med alla och att alla har rätt att tycka och tänka som dom vill. Alla har ju en egen fri vilja och så vidare, så jag vet inte varför jag tror att jag skulle vara annorlunda. Jag önskar verkligen att jag kunde vara en sådan som bara ruskade av mig och inte brydde mig alls, och det är något jag behöver jobba på för att hitta en bättre balans i livet.

Jag har väldigt svårt för att veta vad jag verkligen känner, att kunna lyssna på mig själv och känna in vad som känns rätt för mig i och med att jag aldrig riktigt känt efter och lyssnat inåt. Jag har stängt av och tryckt undan och då hamnar allt på hög och allt har blivit en enda röra så jag inte vet vad som är vad. Just nu försöker jag lära mig HUR jag skall lära mig att lyssna inåt. Jag vet att jag har alla svar jag behöver inom mig men jag har alltid varit en väldigt praktisk och teoretisk person, som vill veta exakt hur allt fungerar. Men jag är även medial och intuitiv, och i och med att jag utvecklar min mediala sida har jag förstått att jag måste lita på mig själv. Att jag inte behöver veta allt för att förstå och känna.

Jag började förstå lite mer vad detta med att släppa kontrollen och lita på intuitionen handlade om när jag pratade med en vän som berättade en sak från sin tonårstid. Strax innan hon berättade om händelsen så såg jag det hela för mitt inre som en film, och visste vad vännen skulle berätta. Just det blev en lite aha-upplevelse och jag tror att det fick mig att förstå lite mer hur svaren man söker kan komma fram.

När jag försökt lyssna på min intuition så har jag alltid trott att det är jag som framkallar och tänker de tankar som jag får. Jag har inte litat på att det är min intuition vilket är ett steg i att lära sig lyssna på den – att lita på det som kommer till en. Så när jag får en tanke eller känsla som kommer helt plötsligt från ingenstans så är det min intuition som pratar med mig och jag skall lyssna på den. Egentligen är det inget konstigt, men för någon som vill lära sig grunderna i allt så blir det lite konstigt och osäkert. Jag vill ju göra rätt och inte övertolka saker.

Jag skadade mig i jobbet och har inte kunnat jobba på grund av det under väldigt många år. För att försöka hjälpa kroppen att vara så smärtfri som möjligt har jag under många år sökt efter behandlingar, träningsformer och att med kosten hitta vägar att inte bli sämre och på så sätt försöka må bättre. Under detta sökande hittade jag efter flera år Holiyogan som hjälpt mig väldigt mycket och även där har jag fått lära mig att jag inte behöver veta allt vad som händer och sker exakt.

HoliYoga är en så fantastisk yogaform som passar alla oavsett vilka förutsättningar man har. Den hämtar inspiration från kundaliniyogan men är utformad för att vara varsam och omhändertagande men ändå väldigt kraftfull. Vi jobbar mycket med vibrationer och andning som hjälp för att komma djupare in i de asanas som vi gör och man utgår alltid ifrån sin egen kropp och förmåga. (Asanas är det positioner som vi gör i olika övningar) Det viktigaste är att inte köra över sig själv så att man går för hårt fram. Att stanna upp och känna och lyssna på vad kroppen vill och släppa på spänningar och låsningar.

Detta har varit en utmaning då jag gärna vill vara en "duktig flicka", och göra alla asanas korrekt, hur jobbiga de än är eller hur ont dom än gör. Jag vill att det skall både se bra ut och bli så rätt som möjligt så jag får ut det mesta av yogan. Har tränat Poweryoga tidigare och den är ju väldigt fysisk. Även här har det varit svårt att känna om jag får någon effekt. Andra som varit med vid samma tillfällen har känt både det ena och det andra och jag har då suttit eller legat där och undrat vad det är för fel på mig för att jag inte känt något alls? Men med tanke på att jag inte har kontakt med mina känslor så vet jag ju heller inte vad jag skall känna eller vad som skall hända, så även här måste jag släppa på kontrollen.

Just ja, den där kontrollen, den har jag ju svårt att släppa! Som kontrollfreak är det en utmaning, men jag har senaste året verkligen försökt att släppa på den mer och mer och överlämna saker till andra att ha koll på. Från att nästan ha haft skrivet i pannan att jag gärna sitter med i styrelser, är med i arbetsgrupper och har ansvar för både det ena och det andra, så har jag hoppat av från styrelser och frånsagt mig ansvar på flera håll vilket faktiskt känns väldigt skönt!

Men jag jobbar varje dag med att inte ta på mig saker jag egentligen inte vare sig orkar eller vill. Det är egentligen bara mitt kontrollbehov som styr att jag sagt ja eftersom jag vill ha koll på vad som sker.

Jag tror eller jag vet att om jag kan släppa på den här kontrollen jag så gärna vill ha, så kommer jag ha lättare att lyssna inåt och veta vad som är rätt för mig. Och jag kommer att ha ännu mer nytta av Holiyogan när jag bara följer med i flödet. Jag skall lära mig vara i mitt vatten (sakralchakrat) som vi säger i Holiyogan, att vila i vattnet och låta känslorna flöda. Det är just i sakralen som känslorna finns och har man stängt till där så visar det sig ofta som fysiska problem av olika slag. Jag måste hitta samtalet mellan framför allt hjärtchakrat och sakralchakrat för att släppa ut de instängda känslorna, men även hitta balansen och samtalen mellan alla chakran för att må så bra som möjligt. Det är just här det är så viktigt, att släppa på kontrollen, för gör man inte det är det lätt att man blockerar energiflödet och energin kan inte flöda fritt. Det handlar ju även mycket om intuition i Holiyogan, så att lära mig lyssna och ha tillit till det som kommer, gör ju att jag får en djupare insikt och en djupare läkning med hjälp av Holiyogan

Någonstans så tror jag att mitt kontrollbehov bottnar i rädslan att uppfattas som svag, rädslan att bryta ihop och inte kunna ta mig upp igen. Rädslan att inte vara behövd och någon att räkna med- helt enkelt en rädsla att inte vara bra nog. Jag är ju rädd för att säga fel saker och uttrycka mina åsikter fritt då jag är rädd för att dom är felaktiga i andras ögon. Jag vet, det är egentligen helt sjukt att tänka så eftersom ingen annan ska bestämma vad jag ska tycka och tänka och vilka åsikter jag skall ha, men som en liten vingklippt fågel sedan skoltiden så sitter det så djupt och där har jag ett stort jobb framför mig att ta tag i.

Med mycket känslor i kroppen och många tankar som virvlar runt i en redan överfull hjärna så är det inte lätt att sortera saker. Jag vill gärna lära mig saker och då gärna från grunden som sagt och vill lära mig många olika saker. Nu när internet finns så finns det ju så mycket att hitta på ett enkelt sätt vilket gör att jag lätt grottar ner mig i olika saker så jag blir väldigt spretig. Jag hamnar ofta i det läget att jag till slut inte orkar göra klart det jag påbörjat utan blir nästan apatisk och vill bara ligga och vila. Jag har inte sett detta själv förrän helt nyligen då en vän sa att det inte var konstigt att jag var trött och slut och lätt går in i väggen när jag har så mycket runt mig hela tiden. Det finns vänner som sagt detta tidigare också men jag har inte kunnat ta till mig det riktigt då. Nu har jag insett att jag måste göra klart en sak i taget och inte grotta ner mig i något nytt innan jag är klar med de saker jag har som ligger, oavsett vad det är. I dessa lägen kan även en disk vara övermäktig då jag redan är stressad över att jag har andra saker som jag påbörjat som inte blivit avslutade. Detta leder ju till att jag ofta känner mig väldigt stressad över min tillvaro. När jag på det också har värk hela dagarna och känner mig begränsad i och med det, så känner jag en inre stress. Jag har svårt att komma till ro även om jag bara ligger i sängen och vilar och t.ex. tittar på någon serie eller film som ska vara avkopplande.

Jag upplever mig egentligen inte som en stressad person och har aldrig gjort. Redan som liten kunde jag sitta i godan ro och knyta mina skor medan resten av familjen stod och trampade och väntade på mig. Jag uppfattas nog som en väldigt lugn person som inte lätt stressar upp mig utan kan hålla huvudet kallt i olika situationer. Vad många inte ser eller vet är att inom mig så växer stressen (naturligtvis inte alltid) och jag kämpar för att inte visa den utåt. Ibland så kommer stressen efteråt när allt är lugnt och allt kommer ikapp. Då kommer tankarna och en gnagande oro, och jag funderar över om jag kunnat göra annorlunda eller om det som varit blev bra för alla inblandade och så vidare.

Jag tror att detta med att släppa sitt kontrollbehov kommer att bli mer viktigt i framtiden då det händer så mycket som vi inte kan styra och göra något åt. Istället försöker vi kontrollera allt annat eller finnas med där det händer saker och blir då helt utmattade eftersom det skapar en stress när man inser att man inte kan ha kontroll på allt. Jag tror att om man släpper på kontrollbehovet och bara ”go with the flow”, så skulle i alla fall min tillvaro bli mycket enklare. Jag skulle kunna släppa på många måsten som jag satt upp för mig själv just på grund av att jag känner att jag ska ha kontroll på saker, även sånt jag inte kan styra. Det är då väldigt lätt att bli utbränd. Man bara tar på sig mer och mer, och så känner man sig trängd och överhopad med saker man absolut inte mår bra av. Nu är ju detta lättare sagt än gjort att släppa på det, men om man börjar med att identifiera sitt problem och tittar på det som någon utanför sig själv skulle se det så är det nog lättare. Sen får man ta små små steg mot att släppa för det kommer inte att gå i en handvändning. Jag inser mer och mer att ett av mina största problem och mönster som leder mig till utbrändhet är just detta med kontrollbehovet. Hela mitt väsen är egentligen uppbyggt på just denna kontroll. T.ex. vill jag som jag tidigare nämnt, ha kontroll på att göra rätt i yogan, vid meditation och andningsövningar. Jag behöver även ha stenkoll på vad jag äter för att inte rusa upp i vikt. Eftersom jag är en känsloätare så blir det väldigt tokigt ibland och så mår jag därefter. Jag tror att jag blockerar mycket inom mig omedvetet och gör saker svårare än det är. Jag kan liksom inte göra något halvdant när jag gör det utan vill att allt ska bli rätt. Men om jag skulle våga släppa lite och våga göra fel så skulle jag nog må bättre på sikt och mycket skulle falla på plats med sånt som idag känns för svårt.

För alla - men speciellt personer som blivit utbrända är det också väldigt viktigt att kontrollera sitt energifält. Det är väldigt vanligt att just som utbränd vara som en svamp och suga in alla andras energier, både positiva och negativa. Man är även som en öppen kanal för andra att hämta energi ifrån, vilket dränerar ens egen energi som man så väl behöver för att orka med sin vardag. Detta är också något jag aldrig tänkt på men i och med mitt sökande inom det mediala och Holiyogan så har jag blivit mer och mer medveten om det. Det är jätteviktigt att lära sig sätta upp energiskydd för sig själv i olika situationer. Då kan man själv välja hur man skall hushålla med sin energi, istället för att ge den till andra som gärna suger åt sig den och man själv blir helt utmattad.

Ett enkelt tips är att man tänker att man har en glaskupol som man sätter runt sig själv som en sköld, och att man tänker att allt som finns utanför den studsar bort och inte kan nå en och att ens egen energi stannar kvar innanför och ger en styrka att klara livet bättre.

Jag hoppas att jag har väckt något hos er läsare och att jag gjort er nyfikna på att prova Holiyogan. Jag kan inte nog betona hur fantastisk den är och hur den omfamnar alla på sitt eget sätt. Har man svårt att röra sig så kan man sitta antingen på golvet eller på en stol och göra asanas. Det finns inga krav där utan mår man inte bra vid ett tillfälle så är det helt ok att bara ligga ner och göra övningarna mentalt. Det viktigaste är att man lyssnar på kroppen och då istället gör det lilla, som även det är väldigt kraftfullt och skulle man somna under passet så var det nog just det man behövde just då.

**SAT NAM!**

## MARIE GELLERSTEDT BERGVALL

Marie är en väldigt omhändertagande empat, fru, mamma och mormor.

Hon är en Blu-ray vilket innebär att hon är intuitiv, högkänslig, empatisk, konstnärlig och kreativ. Hon är också en kraftfull healer samt mer introvert och observerande i sin natur än t.ex. Indigos.

Marie debuterade som författare i boken Luftburna som en del i sin läkning från en stor sorg som hon burit på under flera år. Hon fortsätter att skriva nu i Vattenspeglar där hon berättar lite mer om sig själv och hennes fortsatta resa i att ta hand om sig själv. Hon hoppas att detta skall hjälpa andra som har det svårt.

Marie har varit sjukpensionär i många år och försöker hela tiden hitta verktyg för att hantera den smärta hon dagligen bär på. De verktygen hittar hon genom Holiyoga, sång, meditation och att ge kroppen bra näring. Hon brinner mycket för läran om ren och naturlig kost.

https://linktr.ee/mariegbergvall

# 12

# MIN KARTA MITT LIV MITT VARFÖR

Den stora skaparkraften är magisk, är så allomfattande snillrik att den presenterar ditt själsliga ursprung på flera olika språk och dialekter.

Förra året var året för mitt andliga uppvaknande, efter två föregående år av kraftfull transformation i min personliga utveckling. Jag genomförde rockad på det personliga planet med skilsmässa och förändringsarbete för att återta min egen helighet och ställa mig själv närmast mig i min sanning, mitt ljus, i det som var jag. Jag tog tag i en hel del skuggarbete och valde att bejaka och släppa fram min medialitet, låta den få komma i dager och växa sig stark.

Jag anmälde mig till en änglamediumutbildning och fick på så vis kontakt med själssystrar olika långt utvecklade i sin medialitet som genom vårt delande av erfarenheter inom det mediala och energiarbetet visade sig äga en otroligt gedigen och färgrik erfarenhetsbank.

Ett gemensamt språkbruk över de företeelser som starkt resonerande med mina självupplevda tankar, känslor och upplevelser jag varit i kontakt med genom livet. Det jag aldrig riktigt fått förståelse för av människor i min omkringliggande kontext då jag vid försök att dela dessa upplevelser fått höra allt som oftast; Vad du är känslig! Du analyserar för mycket! Vilken fantasi du har! Sitt inte och dagdröm! Bry dig inte om det så mycket! Tänk inte mer på det nu!

Som gemensam nämnare i den mediala gruppen var vår högkänslighet och genom den kanaliseras den starka vägledning vi alla, om än på olika sätt upplevt. Driften som jag kallat mitt livsbejakande framåtlut, eller min grundinställning till livet likt genom ett nyfiket och vetgirigt barn som varit starkt lustdriven att tuffa på framåt. Fullt nöjd av mitt eget sällskap och mitt rika inre liv och fantasi många gånger. Ständigt vägledd med lösningsorienterade kreativa ideér, tankar och budskap genom min intuition.

Först nu förstod jag att dessa kommit från mitt andliga team som sänt de energier jag känt in och fått hjälp av att ta mig framåt på min livsväg helt utan att jag förut förstått det själv.

Under förra året då mitt andliga uppvaknande tog fart fick jag kontakt med många betydelsefulla personer som allihopa bidragit till förståelsen för min själsliga utveckling. Vilka jag kunde utvecklas och spegla mig i under delandet i gemenskap, kärlek, trygghet, förståelse och igenkänning.

Allteftersom jag lärde känna mig och mina energier samt energierna från mitt gudomliga team ökade förståelsen för min vägledning. Jag kände tillit och mod att agera och leverera de budskap som de olika vägledarna kanaliserade då vi övade på varandra i gruppen. Gruppens feedback var livsviktig näring till mitt andliga växande och strax efter jag hoppat på änglamediumutbildningen emottog jag ännu en av de nycklar jag fått genom gudomlig vägledning på livsvägen. Livsvägen, en väg man för övrigt bara kan gå framåt i tillit genom att först reflekterat och förstått den bakåt, där resan i sig är målet.

Jag fick då en stark kallelse att gå en utbildning i Modern psykologisk handtydning /Kiromanti. Kallelsen var oundviklig och som de flesta tillfällen då jag blivit vägledd innebär det alltid ett slags offrande, en gränssättning i att säga nej till någon eller något för att i verkligheten skapa platsen för det okända nya energiflöde som är på väg in. Detta är alltid en process i transformering. Alltid skavig, obekväm och tryckande innan beslut är taget. Metaforen jag har kommit att använda för just denna process av förändringsarbete /utveckling/växande har varit: Att likna utvecklingsprocessen av en kyckling i ett befruktat ägg som växer till sig. Med rätt förutsättningar tar processen 21 dygn tills kläckdag. Kycklingen är försedd med allt den behöver av näring inuti ägget för att klara sig utan foder i dryga 3 dygn efter kläckning.

Platsen och sfären där kycklingen ökar i tillväxt och omfång blir till slut alldeles för trång och det är då kycklingen behöver börja rotera och skava en brottanvisning i skalet som till slut spricker för det ökade trycket inifrån och kycklingen förlöses från en dimension ut till en helt annan rymd.

Det som strax därefter händer är att i kontakt med luften i denna nya rymd så torkar det fuktiga dunet som fluffar till sig och sedan sker tillväxten av att sätta ny fjäderdräkt i en rasande fart. När man bara efter någon timme kikar till en kyckling efter kläckning så är det rent omöjligt att förstå eller ens föreställa sig att den som nu är yvig och nästan dubbelt så stor i omfång än sitt tomma skal, tidigare har fått plats därinne. Skalet ligger där bredvid och liknar en uttjänt kostym som den just vuxit ur.

Denna transformationsprocess av personligt växande har jag cykliskt genomgått under min livsväg hittills. Jag har också sett att cyklerna varit runt 7 år. En mycket intressant iakttagelse då jag vetenskapligt vet att just 7 som siffra, som tal numerologiskt innehar en mystiskt gudomlig energi. Den omnämns på flertalet ställen i bibeln, varav 77 gånger i gamla testamentet. Vår tideräkning bygger på 7 dagar. Var sjunde våg på de stora haven är lite större än de andra. Vart sjunde år är celluppbyggnaden helt utbytt i en människokropp vilket kan förklara fenomen som att någon som varit lockhårig i tidig barndom senare kan komma att få rakt hår efter hand cellerna byts ut i transformationsprocessen.

Så tillbaka till att känna igen när denna trängda känsla av skav kommer och det samtidigt kommer in en kallelse, en möjlighet från oväntat ologiskt håll.

När jag väl mottagit och skapat plats för energin och välkomnar den in kickar flödet igång.

Kursen blev livsomvälvande på flera sätt. Först genom det personliga mötet med Maria Engblom.

Det fanns en otroligt trollbindande tavla i lokalen, i Johanneberg Göteborg, dit jag åkte för att delta i kursen. Den föreställde en grön skön skogsglänta som rent magiskt fångade min blick. Där fann jag själslig ro och återhämtade kraft från den dryga timmes stirriga bilkörning för att ha lyckats i rusningstrafik hittat rätt och kommit i tid till just den rätta kurslokalen. Personen som stormade in och damp ner som ett yrväder av hjärtlig energi och stort svallande hår strax till vänster om mig var Maria. Oj vilken hjärtlig värme och glädje hon spred. Vi kom att jobba i par under kursen, övade oss på varandras händer. Vilka spännande likheter vi kunde bekräfta däri, otroligt fascinerande.

Därefter kom vi omedelbart att dela livsväg jämsides i ett starkt samarbete under kommande år. Ett personlighetsutvecklande år för oss båda, där vi genom den själsliga spegling vi sett i varandras händer fördes samman i villkorslös kärlek.

Genom den samhörighet och förståelse vi kände i varandra förstärkte och hjälptes vi åt att stå i vår sanna lyskraft. Vi fick till oss i meditation att vi levt ett av våra gemensamma liv som indianer, hon min mor och jag hennes yngsta dotter. Hon dog av sjukdom när jag var väldigt ung och brändes på indianskt vis för att fria anden från kroppen till källan och i de eldgnistor som seglade upp mot den vidsträckta nattsvarta himmel över oss så kom jag för alltid att ha samhörighet och vördnad inför strålglansen av stjärnorna på natthimlen. Vilket jag alltid i detta liv känt mig hänfört dragen till. Den gemensamma tro vi båda bekräftade att vi kände inför varandras potential då året prövade oss båda hårt, på olika vis, gav oss de gynnsamma synergieffekter vi båda fick kraft och näring ur. De gav oss båda stora portioner andlig tillväxt och livsvisdom vi kanaliserade ut åt folket genom vårt publika skyltfönster på Facebook Hjärtats Veranda. När vi fokuserade på att tjäna och visa folket kärlekens väg in i sina hjärtan så flödade vår kreativitet och skaparlust, Marias fortsatta utveckling som konstnär stegrade och hennes alster och goda rekommendationer spreds i vinden och tog nya höjder, inte nog med hennes "konstnärsskap". Som psychic Medium i kontakt med andevärlden är hon helt otrolig, hon kanaliserar även själstavlor och andeporträtt och levererar genom dessa budskap från andra sidan. Hon går nu att följa för er som blir nyfiken genom hennes "konstsida" Maria Engbloms konst både på Facebook och Instagram. Jag blev mer och mer vägledd att sända kanaliserade änglabudskap via videos och liveinspelningar på Facebook och ju mer de yttre utmaningarna prövade oss så växte vi i tron och tilliten till vår gudomliga vägledning. I tillit utifrån tacksamhet så satte vi intentionen i att mån synkronisera oss. Vi önskade in och välkomnade lösningar för vårt högsta bästa genom att affirmera in kärlek, hälsa, gemensamma gynnsamma samarbeten, överflöd och mirakler. Med sikte på livets välsignelser genom dessa vardagsmagikers glasögon föll sedan bit efter bit på plats först efter att allt byggt på osann grund rasat.

Jag kan på riktigt nu först förstå att kallelsen att gå handtydningskursen innehöll tre önskningar i en. När jag tog kallelsen till mig så tackade jag samtidigt ja till gåvorna jag fick genom mötet och vänskapen med Maria. Genom sin kärleksfulla livssyn visade hon mig vägen in till mitt hjärta, både genom det kärleksfulla i hennes bemötande och varande. Även genom den otroligt vackra tavlan, den vilsamt gröna skogsgläntan som nu pryder min altarplats. Jag vet att det mötet var transformerande för mig, jag expanderade mitt hjärta och frisläppte min inneboende undantryckta gudinneenergi att ta sin rättmätiga plats hos mig som vägledare och intuitiv frontfigur på min livsväg hädanefter. Vi kom att utveckla telepati, budskapen kom till oss båda oberoende vart vi befann oss, vi kände in och uppfattade varandras känslolägen på distans och sände och tog emot kraftfull healing då vi ej fysiskt kunde finnas som stöd vid varandras sida genom utmaningar vi tog oss igenom. Vårt mantra under detta år: Vi välkomnar det som skall komma, accepterar det som skall stanna och släpper det som inte längre gagnar oss.

Kartan över mitt liv har jag alltid burit med mig, den är inristad i mina händer och den är i ständig pågående utveckling vilket går att följa genom linjerna. Jag fick nu Kiromantins glasögon som verktyg att tyda och förstå mig på min karta över min själsliga vandring. Genom dem fler betydande insikter och möten med människor i snabb följd, vilka givit mig fler bitar att lägga förståelsens pussel med.

Efter hand, i utövandet av konsten på människor kunniga i andra områden, har jag genom samtal med dem fått sett sambanden och likheterna att det också går förvånansvärt pricksäkert att tyda själen genom astrologi och numerologi. Med runor, med hjälp av ceremoniella shamanska ritualer att kalla in vägledningen från vår urbefolkning av olika slag som indianer och Laikor(de som sköter jorden), schamaner och medicinmän som gått före och visar oss vårt ursprung och lyser vår väg om vi kallar på dem för ett möte kring eldarna som alltid brinner.

Källans eller den universella skaparkraftens olika sätt och olika språk, att hjälpa oss tyda kartan över själens resa och däri beskriva meningen med livet för människorna att komma i kontakt med och förstå Källan.

Jag har förstått nu att det funnits mening med att vägen till min förståelse som energiarbetare i mänsklig kropp på jorden just nu i denna tidsålder har varit snårigt snitslad.

Som intuitiv healer har jag inkarnerat hit till detta jordeliv just för att jobba med healing och energi transformation. Vägledningen jag fått av mitt andliga team av ärkeänglar, främst Uriel med sin snabba healingenergi genom humor och uppsluppenhet och Ärkeängel Gabriel genom förmågan till kvicka ordvrängeri/metaforer och förmågan att förmedla livsvisdomar i textform. Med Ärkeängel Metatron vars energi alltid lockat barn och unga till att känna förtroende och trygga vågat öppna sig och anförtro mig sina hjärtefrågor. Här har healing energin jobbat igenom dem och lättat upp deras känslor som många gånger varit skuldtyngda av speglingen i den dömande omvärld de befunnit sig i. Ärkeängel Ariel i all kontakt och umgänge med djuren som för mig alltid varit en kraftkälla för min jordning och återfyllning av healingenergi.

Även uppstigna mästare och guider jag ej identifierat ännu men de är alla energier som kanaliseras genom min intuition på olika sätt.

Lord Sananda med sin kristusenergi, en energi jag själv har mycket av i min grundkonstitution. Detta kristallina ljus kallar jag in i mötet med en del tunga energier jag jobbar med i transformationsprocess.

Jag har intuitivt följt min gudomliga vägledningen genom åren. Extra tydligt då jag mått så själsligt dåligt att jag gett upp kampen och tagit det första ovissa klivet mot förändring för att undgå själslig död.

Igenkänning av skav i den tryckande kvävningskänsla och förminskande instängdhet jag känt i speglingen av min kontext vid dessa tillfällen.

Så som norm, tradition, beroendeställning, tacksamhetsskuld eller medberoende. Just i dessa stunder har min tillit samtidigt hjälpt mig bryta mig loss ur olika konstellationer och mönster jag varit fast i som stagnerat eller hindrat mitt personliga och andliga växande. Såklart dessa varit olika vid olika tillfällen på min själs resa genom livets väg förstås.

Indikatorn för mig att jag gjort rätt, när jag följt min rätta själsväg, är frihetskänslan och tacksamheten jag rätt så omedelbart efter en livskris lyckats känna. Dessa livserfarenheter har alltid lämnat en god smak av personlig seger efter sig. Tacksamhet över förmågan att vända motgång till tillgång att lägga i erfarenhetsbanken. Jag har fått god användning för dessa i mitt helande arbete med människor jag assisterat på deras väg till själslig läkning.

Faktum är att jag allt som oftast tjänat som healer åt min omgivning långt innan jag förstått vad eller hur och varför vi utför energiarbete. Jag har alltid haft och fått vägvisning, tröst, hjälp och nycklar vartefter för att låsa upp dörrar till låsta rum inom mig lite efter hand. Budskap, ideér, impulser, betydelsefulla möten med mina andliga vägvisare, hjälpare, eller pepp och uppmuntran har alla kommit till mig genom energier, eller genom synkrona möten med personer som sänt och utbytt energier med mig. Jag, min själ, min ande och min kropp har en healingenergi som lättar upp och transformerar lågvibrerande energi till lättare och ljus energi, jag har alltid scannat och läst av människors känslolägen genom ett välutvecklat solar plexus chakra som omedelbart aktiverat min healingdrift att hjälpa dessa människor från deras själsliga bekymmer. Genom kiromantin har jag bekräftat denna healingdrift via min omsorgsögla på höger pekfinger, samt antalen lodräta streck strax under lillfingret.

Transformationsprocessen startar när jag ackumulerar andras energier och känslor genom mig att bearbetas till ljusare och lättare energier vartefter.

Genom livet har jag fått vägledning genom bland annat klarhörande, klarvetande och klarseende även fysiskt.

Att jag känt mig udda och missförstådd har varit just för att min grundvibration energimässigt varit högre än hos de människor runt omkring mig i min omgivning, jag har varit där för att just jobba med energitransformationen genom mig till en allt ljusare energi efterhand.

Grundning och jordning har för mig varit extremt viktigt för att ladda om och för ren energipåfyllnad då jag stundtals dränerats av de tunga energier jag transformerat. Därav min stora dragning till djuren, hästarna, hundarna och katterna som har varit livsviktiga komponenter som jag haft runt mig under hela mitt liv. Ett tätt och nära energimässigt samarbete med ärkeängel Ariel har jag alltid haft.

I resan genom änglamediumutbildningen har jag vunnit insikter och förståelse samt lärt hur min kontakt med änglasfärens energier kan assistera mig i mitt healingarbete. Genom att medvetet bjuda in och koppla upp mig till källan att assisteras via ärkeänglarna eller uppstigna mästare och guider i healingprocessen, ger mig stöd att stå i min kraft, då healing energin förmedlas via mig från de högre sfärerna vidare till klienterna.

## Min soul tribe

Under två års tid har jag nu fått in olika personer från samma själsfamilj som jag känt stor och ofrånkomlig dragning till, där vi efterhand vår kontakt och vänskap fördjupas, förstått och blivit visad genom meditation vår koppling från olika tidigare liv. Vad otroligt sammanfallande energimässig utrensning vi allihopa genomgår parallellt. När vi var och en bearbetar gemensamma trauman kopplade till vår själsgrupp så påverkas de andra genom ett energitrådigt nät, vi alla är ihopkopplade till. Jag har nu forskat lite i detta och det verkar som vi alla får liknande reaktioner kroppsligt samtidigt. De verkar utlösas av de energier som planetariskt påverkar våra olika universella ursprungs galaktiska oläkta själsliga gemensamma trauman. Detta kan jag här ge ett så tydligt exempel på.

Kvällen och natten 29/12 -30/12 2021, jag bearbetar en övergivenhetskänsla efter en kontakt med min egen mor, gällande en känsla av ett avvisande. Mitt inre oförstådda barns sår gör sig påminda med en smärta av att bli avvisad, icke önskvärd. Känslorna av utrensning lever verkligen runt och påverkar mig under natten. Dessa fysiska symptom uppstår; kroppen känns elektriskt sprakig som om den är statiskt uppladdad, min hud är fnasig, jag är otroligt törstig och får inte nog av vatten, mina läppar, ögon och slemhinnor känns helt uttorkade. Kommer inte till ro den natten, varannan timma klarvaken och så otroligt törstig.

Min älskade tvillingsjäl Anders Djup kliver här någonstans in i mitt aurafält för tröst och upplever exakt likadana symptom, svårt att säga om han ackumulerar mina eller om han blir påverkad genom vår koppling från vårt gemensamma energinät. Vi båda dricker hejdlösa mängder vatten under denna natt, katten är vid skålen och dricker vatten flera gånger och spyr strax därefter inne, hunden kommer inte till ro heller utan påkallar min uppmärksamhet om att vattenskålen är tom mitt i natten, vilket är ett avvikande beteende. Här någonstans går jag in och scrollar i flödet på Facebook och finner något intressant i en facebookgrupp där jag ser ett liveinlägg från min själssyster Isabelle Petersson, änglamedium, som beskriver exakt dessa känslor och symptom hon bearbetar.

Hon har en annan situation kring just övergivenhetskänslor som hon bearbetar i rollen av att vara den övergivande modern. Hennes minnesbilder delar hon med tydligt detaljerad information från sitt andliga team om att det handlade om Atlantis fall och övergivna barn som efterlämnats. Hon fick tragiskt och hjärtskärande efterlämna sin dotter. Där på Atlantis, hade hon en ansvarsfullt ledande roll att programmera om kristallerna till annan källa än source light. Det blev tvunget att lämna dessa barn. De kom senare att dö, övergivna i törst och av svält, då ingen lyckades återvända till deras undsättning när räddningsaktionen misslyckats i explosion. Atlantis föll.

Efter en fruktansvärd återupplevd separationsångest och skuldkänslor för detta lilla efterlämnade barnet bad hon sitt team om att få komma tillbaka och hela den situationen i just det livet.

Hon fick prata med den lilla flicka hon lämnade. Hon sände kärlek och healing och frågade flickan hur det gått för henne efter de skiljts åt. Flickan berättar att hon känt sig så övergiven och det värsta var den olidliga törsten hon upplevt innan hon till slut dog en svältdöd helt övergiven. Men att det var bra nu.

Detta griper starkt tag i något djupt inom mig, jag fullkomligt tappar andan och känner resonans i hela mig. Vi båda häpnas över sambanden i allt detta utrensningsarbete och känner in att det mest troliga är att jag som fler av de i min nuvarande återsamlade själsfamilj var övergivna barn i samtid likt Isabelles flicka från Atlantis fall och att vi nu bearbetar det traumat parallellt utifrån våra själars karmiska band och sammankoppling i vårt energinät. Välkomna att ta del av en live på Facebooksidan Hjärtats Veranda där jag ihop med Isabelle delar just detta.

Maria ringde och hade även hon haft en orolig sömnlös natt med otrolig törst och gått upp för en vattenflaska att ha vid sängen, samma själsfamiljs traumabearbetning. Anki Abrahamsson likaså. Är inte detta rätt så fascinerande?

Av de människor av betydande som härefter i snabb takt kommit in med pusselbitar finns förutom Maria ytterligare en, nu nära vän, Anki Abrahamsson, som jag här vill rikta stor tacksamhet och kärlek till.

Henne fick jag in i mitt aurafält genom att jag såg henne dela kärleksfulla vibrationer genom fredagsdanser på facebook. Spontant bjöd jag i midsomras in henne till en kaffe och där synkade vi in i starkt resonerande systerskap.

Anki är den kraftfullaste healer jag någonsin träffat på. Det svartnade för ögonen, knäna vek sig då jag fullkomligt tappade andan och magen med dess innehåll vred sig om då hon i vår första avskedskram efter den fikastunden drog ut pilar från min rygg. En helt otrolig upplevelse jag för alltid kommer vara henne evigt tacksam för. En healer, jag i detta fallet, som ej vetat att jag jobbat med healing under hela mitt liv hittills har använt min egen kropp och i synnerhet ryggen som måltavla då jag ställt mig på knä framför den skadade och själv tagit pilarna genom att agerat mänsklig sköld. Detta har jag ovetandes gjort åtskilliga gånger genom livet åt sårade medmänniskor som bett mig om läkning och lindring. Detta kände hon i vår omfamning. Efter den behandlingen har jag återkommande gått på flertalet healingsessioner hos henne. Hon arbetar utifrån Munai ki och utför en djup healing på cell och dna nivå med både trumma, reiki och shamanska inslag.

Det indianska/ shamanska arvet har kallat mig att genom riter och ceremonier även invitera de fyra väderstrecken som symboliserar våra fyra grundelement; moder jord, fader sol och syster måne, stjärn folket och alla regnbågskrigarna. Att möta dessa i cirkel tillsammans med kraften från mina anfäder kring de öppna eldarna och trumresor. Jag har fått påhälsning och blivit ombedd av de rökelsekvinnor jag fått se besöker mig runt elden i ceremoni att bjuda in arketyper och de har även visat mig olika kraftdjur olika gånger då vi mötts i trumresor vid eldarna.

Vid meditation har jag fått flera skymtar av mig själv i olika ceremoniella utföranden vid eldarna kring stammen av urfolk, dessa i flera olika åldrar, fått sett att jag stått mitt ibland dem, blandat och mortlat någon växt som vi låtit tatuerat in i mönster i huden på vårt stam folk. I koppling till detta har jag fått se dem segla ur sina kroppar på själsresor uppåt för att återföra gammal visdom från den högsta källan. Jag har sedan likt en hövding åkallat dem att återförenas och kvickna till liv igen i sina kroppar för att dela sina drömlika budskap med oss andra i stammen, genom den levande berättelsen som sedan sänds vidare över människors läppar i delande och under trumresor och ceremonier vid den levande elden genom generationer. Munai Ki resan är bland andra min fortsatta väg framåt då jag vid senaste initieringen av mina frön genom Anki fick en resa till akasha biblioteket och fick där läsa ur min livsbok. Detta är den väg du valt. Så stod det i det uppslaget jag fick syn på då jag öppnade boken.

Förståelsen jag vunnit i förlåtelseprocessen över de livsval jag gjort har gett mig insikter av följande slag. En gammal själs livsväg i detta jordeliv är en sökandes väg, den går mötandes igenom normens illusioner och ideal. Likt djurens instinkt att springa mot elden för att komma till den ofarliga utbrända sidan. Själen önskar återuppleva karmiska olösta band från tidigare levda liv att finna annan utgång ur genom detta liv. Själen är här för att hela och läka genom de trassliga utmaningar som vi kontrakterat möta här. Detta för att sedan bjuda världen vår självupplevda livsvisdom genom delandet av vår egenupplevda sanning. För ett kollektivt helande.

**Back to basic**

Där är vi välkomnade att genom ceremonier återsamlas, i den cirkulära tiden, med våra anfäders visdom ur de delade berättelserna kring de aldrig slocknande eldarna.

Nära för oss att besöka, vid åkallan utifrån ett rent hjärtas intention, kring en öppen låga eller ett levande ljus under meditation att ta del av och ansluta oss till våra högre jag och anfäders visdomar i de parallellt pågående tidslinjerna. Finn din själs väg och börja vandra den. Just du behövs här i din tid.

Dina gåvor skall du upptäcka och med dessa skall du tjäna fler. Vi är alla viktiga delar av ett gemensamt pussel av en och samma världssjäl. Separation är en illusion. Låt oss få vakna till ett gemensamt kollektivt högre medvetande där nybyggnation av en mer kärleksfull värld kan ske genom människors hjärtan.

Vid pennan/Med kärlek Mikaela Hult

# MIKAELA HULT

Mikaela Hult är ett ännu oexploaterat stjärnfrö och författare. En intuitiv healer och medmänniska, medial vägledare, inspiratör tillika kärleksförespråkare och energitransformator.

Genom det talade och skrivna ordet har hon bestämt sig för att vara publik i ledande position till den förändring hon vill se hos mänskligheten. Med sin livsvisdom kan man tro att hon är ett par hundra år och troligtvis är hennes själ äldre än så. Hon har i detta jordeliv vuxit genom livets utmaningar och genom sitt healingarbete förstått sig på att det "är många varp i en trasmatta" och att allt det ryms i att vara människa.

Genom healingmetoden Kiromanti tyder hon kartan din själ satt i dina händer. Det möjliggör nyckeln till självacceptans och självkärlek vilket leder till friheten att genomgå förändring i transformation för att finna och ställa sig centrerad i sin kraft. Att därifrån påbörja sin livsväg och förstå sig på sin själsresa, vilka gåvor och talanger man fått, att bidra med till världen.

Hon fick kallet att gå Kiromanti-utbildningen direkt efter hon accepterat och öppnat upp sina mediala förmågor. Idag är samarbetet med änglasfären och det andliga teamet i allt energiarbete en grundtrygghet hon förlitar sig på i tacksamhet till att kunna beröra och hjälpa de människor som söker henne med att finna sina genuina jag och börja blomma.

Nu debuterar hon som författare i boken Vattenspeglar och delar med sig av sina upplevelser tillsammans med andra starka kvinnor och deras berättelser.

https://linktr.ee/Hjartatsveranda

13

# KVINNAN I SJÖN

Vissa berättelser behöver en inledning, för att berättelsens innebörd ska få det djupet den förmedlar. Alltså börjar vi i nutid, med bakgrunden till det som ledde till en vänskap bortom tid och rum.

I Livets Väv vävs trådar samman mellan de vi möter på vår vandring på Livets Stig, men den här erfarenheten påminde mig om att de trådarna sträcker sig även bortom döden. Det är andra gången i mitt liv en vänskap bortom döden räddat mitt liv.

Min vandring på Livets Stig har alltid färgats av en ensamhet. Även de korta stunder jag levt i tvåsamhet och trots att barnen alltid funnits vid min sida. Jag drogs till den här sjön för att här hittade jag min plats, mitt tempel i skogen. En plats där jag kunde i lugn och ro trumma, elda och falla in i min egen värld. Här fanns ingen som dömde mig, iakttog mig eller pratade med mig.

Efter en tid kände jag mig lockad till att börja utforska sjöns stränder och de berghällar som omger den. Jag började att lyssna med kroppen istället för öronen och lät mina steg leda in mig på stigar som inte längre finns. Ibland kändes det som att jag gick i trans och lyssnade och kände in en annan tid. Ljud, dofter och känslor bortom tid och rum fyllde mina vandringar och mitt sinne. Jag lät processen ha sin gång och jag litade fullständigt på att skogen var min vän eftersom de jordiska vännerna hade valt bort mig.

Jag lärde känna platsen och kunde i sakta mak kartlägga kraftplatserna. Aktivera energin i dem och börja se helheten i det ceremoniella arbetet som en gång i tiden fyllt sjöns stränder med kraft. Vacker kraft fyllt av helande, firande och kärlek.

En dag rymde min hund och naturligtvis sprang hon mot den delen av skogen som jag alltid känt ett motstånd för att gå i. Men, vad gör inte en matte för sin hund. Jag gick efter och kastades in i smärta, mörker, svek och död.

Jag brukar alltid säga "Jag förstår de ogifta gravida kvinnor och kvinnor i sorg som valde att dö i havet, älven eller sjön." Vattnet trollbinder och erbjuder en omfamnande kärlek. Vattnet smeker din hud och kysser bort alla sorger. Vattnet är ändå Moder Jords känslor och därmed både berusande och läkande i sin natur.

Det jag fick förmedlat till mig i skogen är allt annat än vackert, men jag kan ändå inte undgå att se skönheten och visdomen i det. Det gör ont när den som älskar en vänder bort blicken. Ditt värde tas ifrån dig och du blir ensammast i hela vida världen.

Alla vi har varit med om det, att en älskad tigit istället för att säga ifrån. Att en älskad låtsas som att de inte kan göra något, när det egentligen handlar om att de inte vill göra något.

Låt oss möta Saga, kvinnan i sjön.

---

*Mitt namn är Saga. Döpt efter en av asynjorna i gudaberättelserna som berättades vid elden under de mörka vinterkvällarna. Namnet talar också om att jag är en som ser världen med andra ögon än de jordiska. Min blick fångar färger och former som inte är synliga för alla. Framför allt så ser jag de som saknar kropp, de som är av Ande och vandrar bland oss levande. Jag ser också de väsen som bebor och vårdar skog och mark. Jag ser också de som av illvilja vill lura människor att gå vilse i skog och mark. Min värld är helt enkelt större och mer mångfasetterad är vad den är för den vanliga människan.*

*Jag har skolats sen barndomen i min uppgift. Samtalat med Gudarna och Gudinnorna, tytt tecken och lyssnat till visdomen i vinden och skåda svar i vatten och eld. Jag har också lärt mig jordens helande kraft och förmågan att dra det onda ur människan och offra det till jorden för att återgå till det heliga kretsloppet.*

*Jag skulle vilja säga att mitt första glädjefyllda minne i detta liv var när jag var 12 somrar gammal. Jag föll på en rot och alla örterna i min korg föll ur. Arg och med tårar rinnandes över mina lortiga kinder satt jag på stigen och höll om mitt blödande knä. Han kom gåendes uppför stigen och stannade för att hjälpa mig. Han hjälpte mig upp och jag var tyst och blyg. Vad ville ödet säga med att just han skulle vandra här och stanna upp för att hjälpa mig? Han var då 14 somrar gammal och visste nog inte ens om min existens förrän nu när jag satt lortig och blodig på stigen med örter omkring mig.*

*Kanske hade allt kunnat bli annorlunda om inte... Ja, hur många gånger i livet har inte jag och många andra tänkt de orden och känt den känslan som är sammankopplad till dem. Om inte jag uppnått åldern där mitt liv skulle skifta från en simpel tjänarinna i lära till att börja axla uppgiften som läkekvinna, skulle jag ha fått ta emot din kärlek då? Jag har kommit fram till insikten om att tiden vi lever i inte spelar någon roll. Kvinnans hjärta och mannens hjärta är den samma. Så många som gråtit vid den här sjöns stränder i hjärtesorg har berättat samma historia.*

*Jag minns inte ens om mitt namn var Saga från start eller om det gavs mig av völvan som tog hand om mig när mina föräldrar lämnat mig i skogen för att dö. Bortbyting har jag blivit kallad för många gånger i mitt liv. Mitt vilda hår och mina sällsamma ögon gjorde inte livet lättare. I byn fanns ingen med flammande rött hår, vilda lockar och gyllene kattlika ögon. Jag teg, jag ville inte ens fråga min mor om hon var min mor. Vi hade inga fysiska likheter, men jag kunde ju lika gärna vara lik min far. Vi delade närheten till Moder Jord och Gudar och Gudinnor. Hon lärde mig allt hon kunde och vägledde mig till att lära mig mer utöver det. Jag fann ingen anledning att såra hennes goda hjärta med en sån simpel fråga. Hon kallade mig dotter och jag var nöjd med det. Jag var stolt över min mor långt efter hennes sista andetag, som kom alldeles för fort.*

*Det var mors död som var det första skiftet i mitt liv. Jag var inte längre flicka under någons skyddande vingar. Jag blev kvinna och tvungen att stå på mina egna ben. Det mor inte hunnit lära mig, fick jag vackert räkna ut själv.*

***Den första lärdomen: ensamhet.***

*När Bifrost visade sig på himlen var jag på sjöns södra strand. Jag stod på klangstenen och sjöng min sejd starkt och klart över sjön. Vi närmade oss midvinter och det var snart dags för mig att leda mitt första blot. Jag hade hört mor sejda och jag hade stått henne bi när hon blotade. Jag borde inte vara rädd, men det var jag. Tänk om en av trådarna från Urds väv brast i kraft?*

*Ingen tråd i Urds väv brast och kraften höll blotet ut. I ceremonin kunde jag se min mor och alla mödrar före henne stå mig bi. Jag är inte ensam och jag är en av många. Jag förstår det nu. Samtidigt gråter mitt hjärta över den jordiska ensamheten som ständigt följer mig. Ett vemod och att leva bredvid andra istället för med dem.*

*Att dela livet med människorna i byn var svårt. Jag var inte utstött, men nog tystnade samtalen när jag kom. Jag fick ständigt gåvor, men de var inte gåvor baserade på vänskap och godhet. Det var ett pris för min tystnad.*

***Den andra lärdomen: tystnad.***

*När vårblommorna jobbade sig upp ur myllan hade jag till fullo förstått att jag visste allt om alla och att alla var rädda för att jag skulle bryta tystnaden och att sanningen därmed skulle komma fram.*

*Mitt val av tystnad var självklart, men jag hade aldrig under min mors livstid förstått hur mycket hon fick bära för andra. Hur hon på grund av det ansvaret heller inte kunde yppa ett ord om sig själv. Hennes känslor och tankar var dolda för andra, för om hon hade talat om sin egen smärta eller sin rädsla, så hade hon dragit hela byn med sig i den negativa spiralen.*

*Här hade min mor bott och jag fortsatte i hennes fotspår. Jag skapade dockor av kvistar och viskade det jag behövde lätta mitt hjärta med till dockorna. Därefter offrades dockan och hemligheten fördes med röken till Frigga som ändå visste allt om människors öden, fastän hon aldrig yppade ett ord om dem.*

*Det byfolket inte förstod var att min tystnad inte hade ett pris. Jag hade aldrig yppat ett ord vare sig jag fick gåvor eller inte. Vem var jag att dela en annans tankar och känslor med någon annan? Jag var inte den som skulle styra människors öden, däremot kunde jag vädja till deras samveten och goda hjärtan, om de fanns.*

*Min kunskap var ett hot och någonstans inom mig visste jag att det var just detta som skulle vara avgörande för mitt öde. Rädda människor har en förmåga att skapa ett öde åt andra som de inte önskar sig själva. Det är bördan av människans litenhet. Likväl som den litenheten är en styrka under en människas livstid. Den litenheten ger dig ödmjukhet och tacksamhet. Den ger dig förmågan att se skönheten i livets alla skiften.*

**Den tredje lärdomen: tillit.**

*Min tillit vacklade med jämna mellanrum. Jag började trivas bättre hos andarna och djuren i skogen än hos människorna. Orden människorna uttalade var inte i balans med deras handlingar eller känslor. Deras förkärlek för hemligheter och emotionella spel skrämde mig. Jag visste till slut inte hur jag skulle hantera situationen. Jag saknade min mor och hade gärna velat veta hur hon hanterat den bristande tilliten till människorna hon tjänade med sin helande kunskap och visdom.*

*Jag märkte att jag inte var ensam i skogen. Någon följde mina steg, på avstånd. I mitt hjärta visste jag att det var han. Han som hjälpt mig när jag snubblat på stigen min tolfte sommar. Jag låtsades inte om att veta om honom. Jag lät honom titta på mig när jag samlade örter, klappade rådjur och sjöng i gläntorna.*

*Dag ut och dag in gick jag ut i skogen. Dag ut och dag in följde han mina steg. I mig väcktes en förunderlig känsla. En känsla av att vilja både ha och ge. Jag blev djärvare i mina rörelser. Jag lossade på snörningen i min klänning en varm sommardag. Jag låg i solen i gläntan och lät honom titta. Min kropp vibrerade av kraften i marken och av känslan av att vara någons medelpunkt. Jag bestämde mig för att gå till viken för att svalka mig. Väl där vid vattnet försvann allt vett ur mig. Den sköljdes bort av vågorna och jag klädde av mig naken för att simma i viken. Fortfarande väl medveten om hans blick. Känslan av att äga växte i mig. Hela mitt väsen viskade "han ska bli min".*

*Så här fortsatte vi fram tills hösten kom. Vattnet i viken blev kallt och jag började istället tända en eld på vikens strand. Jag väntade. Han kom. Vi älskade. Vi var förlorade.*

*Vår hemlighet bar vi nära hjärtat. De stulna stunder vi fick i varandras armar blev färre ju närmare vintern vi kom och kylan drev in oss. Stulna blickar och fumliga krockar var allt vi fick. Vid midvinter var det dags för blot. Vid midvinter lovades han bort till en annan kvinna. Två välbärgade familjer skulle knyta band genom giftermål. Jag var övertygad om att han skulle vägra och välja mig, men så blev det inte. Han var en lydig son och valde rikedom.*

*Min kärlek till honom gjorde att jag valde att möta honom om och om igen om nätterna. Vad vi inte såg var att vi inte var ensamma längre. Hon, hans trolovade kvinna följde oss. Hon berättade för sina föräldrar, sina vänner och sedermera hela byn. Jag blev utstött och fann mig själv ensam. I smyg fortsatte byns kvinnor besöka mig för kärleksrunor, för sejd och för helande örter. Jag var tacksam för det lilla det gav mig och fortsatte i tystnad att vårda folket så gott jag fick och kunde.*

*Ännu ett midvinterblot hann passera innan jag hörde ryktena om trolldomskunniga kvinnor som dränkts i sjöar och älven. Många av kvinnorna valde att lämna sina byar och samlas i skogen. Så även jag, sviken som jag kände mig av min egen by. Jag gick inte av rädsla utan av bitterhet. Jag gick för att jag ville hämnas. Hon var havande med hans barn och det skulle bli min uppgift att förlösa henne om jag stannade.*

*Jag var sviken. Arg. Självisk. Jag förbannade min lott i livet och ville väva om trådarna i Livets Väv. Så mycket jag givit folket i byn och så många barn som jag förlöst. Så många febersjukdomar som jag botat i byn. Alla timmar, dagar och veckor jag vandrat i skogen för att hitta rätt örter till att läka varande sår. Bitterheten hade slagit rot i mig och jag visste att den inte skulle ge mig något alls, ändå höll jag den kvar för att döda min kärlek till honom.*

*Han kom vid fullmånen då jag visste barnet skulle komma. Jag önskade att han hade kommit för mig, men han kom för barnet. Han vädjade till mitt goda hjärta för att jag skulle återvända till min by och förlösa barnet. Barnet var oskyldigt och det var mitt kall. Min plikt. Jag följde honom tillbaka till byn eftersom han hade rätt i att det var mitt kall och min plikt. Mitt hjärta hade väldigt lite med beslutet att göra. Jag ville hedra min mors minne och vara en god dotter. Han lovade att hålla mig säker och jag litade på honom.*

***Födelsen är början på döden.***

*En människas liv är blott ett ögonblick i det heliga kretsloppet. Vi föds och därmed börjar vår färd mot döden. Det är så det är och det är något vi accepterar. Men bär vi med oss bitterhet och rädsla vilar vi inte i acceptans och då trasslas trådarna i Livets Väv ihop. Allt blir infekterat, det är som ett sår som aldrig vill läka utan bara växer och ruttnar inifrån.*

*Barnet föddes dött. Stilla låg det inlindad i sängen. Alla var tysta och ingen ville röra barnet då det var missbildat. Tystnaden var kvävande och jag började sakta sjunga välsignelser för barnet och dess själ.*

*Då skrek hon och han med henne. Anklagelserna haglade över hur jag med svartsjuka och trolldom missbildat barnet i hennes sköte. Hur jag ondsint och kallhjärtat dödat ett liv innan det ens fått leva genom att förgifta hans säd. Kvinnorna kom in i huset och skrek de också om hur deras män vilade sina blickar på mig alldeles för länge när jag lagt om deras sår och hur männen slutat komma till deras sängar om nätterna.*

*Jag släpades bort och låstes in i en jordkällare. Där satt jag ensam i vad som kändes dagar. Jag kände dödens kyla närma sig och ingen talade med mig. När jag drogs ut var månen ny och byborna hade fattat ett beslut. Han som jag älskade hade talat om var mina systrar i väven gömde sig. Han hade lett männen dit och han hade hjälpt till att dränka dem i viken. Som offer för att lösa honom ifrån trolldomen jag bundit kring honom där. Jag hade i viken förfört honom och erkänt att jag inte var människa utan ett väsen vars syfte var att förföra män och driva dem till galenskap och ofruktbarhet för att mitt sköte var oförmöget att bära liv.*

*Hans bevis var att inget liv vuxit i mitt sköte under dessa år. De andra männen vittnade om hur deras säd sinat och åtrån till deras fruar slocknat för att jag red dem i drömmarna. Mitt vilda röda hår och mina gyllene ögon var det som trollband männen och skrämde kvinnorna.*

*Jag fick kläderna avrivna från min kropp. Stenar kastades på mig. Slagen från pinnar och påkar haglade över min nakna kropp. Blodet rann. Håret skars av och kastades i elden. Min trumma, min stav och mina örtknyten eldades upp. Jag spottades på och förbannades.*

*Bunden och öm av stenarna som kastats mot min kropp såg jag sjön blänka mellan träden. Snart, mycket snart skulle jag ligga på botten av den tillsammans med de av mina systrar som redan dränkts där.*

*Stenarna som kastats mot min kropp orsakade inte samma smärta i mig som tystnaden från kvinnorna. Kvinnorna vars barn jag hjälpt till världen. Vars feber jag botat och för vilka jag sejdat in kärlek och skydd för.*

*Jag visste att jag skulle till Gudinnan Hels hemvist Helheim och jag välkomnade den insikten. Jag skulle få min sista vila med trollpackor och trollgubbar. Völvor och sejdare. Mitt eget folk. Kärlek kunde inte rädda mig nu. Kärlek var nämligen det som skulle få mig dränkt. Jag förbannade Gudinnan Freja och vände all min tilltro till Hel och tackade henne för hennes öppna dörrar och för hennes motvilja till illusioner. Det var lika bra att kalla saker och ting vid dess rätta namn, så länge det fanns luft till det.*

*Jag drog in luften djupt ner i lungorna, som jag snart visste skulle vara fyllda med vatten och skrek ”En dag kommer hon att komma. Hon som ser mig och hör mig. Hon kommer att berätta min historia och jag vaknar till liv igen.” Inom mig var jag väl medveten om att jag inte skulle vakna till liv, men att min berättelse skulle vakna till liv och kanske läka ett hjärta villigt att ta emot budskapet. Min svaghet låg inte i kärleken, den låg i bitterheten som jag lät förblinda min väg.*

*Hon är här nu. Hon har skrivit mina ord.*

---

---

Jag har förmågan att ge de som dött en röst. Jag har kraften att använda min. Jag har förmågan att förmedla den kunskapen till andra som är redo att använda sin röst och komma i kontakt med sin egen kraft. Ingen människa är för liten, för svag eller för ovärdig för att förvalta en andlig gåva.

Dagen då Saga kallade mig till viken där hon och hennes systrar i väven dränkts, såg jag henne komma upp ur vattnet och under vattenytan stannade systrarna i väven; Läkekvinnor, jordemödrar, trollpackor, sejdkvinnor, häxor eller helare. Likt Gudinnan Isis har de tusentals titlar. Det som binder dem samman är förmågan att se, känna och höra det överjordiska och använda det för att hjälpa människor och djur.

Saga har alltid varit tydlig med att hon inte är bunden av något till att stanna i det jordiska. Hon vilar i sjön, det är hennes läkning. Hon vakar över en plats och läker med sina systrar i väven tills alla är redo att lämna det jordiska. Ingen ska lämnas ensam en gång till, de svor ett löfte till varandra om att hålla samman.

När jag sitter på klipphällen vid viken och tittar ner i vattnet kan jag se kvinnorna, de ser vid första anblicken ut som vattendiser, men deras energi är mer kompakt än disernas. Jag har vid flertalet tillfällen sett dem putta upp barn och hundar som trillat i vattnet, inklusive min vattenrädda hund. Efter ett flertal olyckliga feltramp vid stranden och lockelsen av att hoppa i och leka har nu Runa börjat bada. Trygg i händerna på de kvinnor som har sin sista vila i viken och vågar dela sorgen med oss som inte orkar bära den själva så att vi kan leva vidare och berätta deras historia.

## MIRA HILARIA MÅRD

Mira är en skarpsynt kanal för andevärlden och med sin jordnära attityd är hon en otämjd levnadskonstnär.

Hon är obeveklig i att manifestera sin vision och en inspirerande kanal för andevärlden. Hon är internationell bästsäljande författare och en av hennes böcker Mother Pinetrees Visdom är tankeväckande om integrationen mellan din andlighet och din vardag.

Hennes jordnära kurser och individuella sessioner är livsförändrande för dem som vågar kapitulera för den transformerande processen att gå tillbaka till sina rötter och slå ut i blom på Livets Stig.

Mira är unik inom sitt område, uppvuxen i en schamansk familj och förvaltar ett arv från sina förmödrar. Detta gör henne autentisk i sitt utövande. Hon är också en outtröttlig entreprenör som praktiserar schamanistiskt ledarskap. Mira är också krönikör och skribent på Inspire Magazine.

Mira brinner för transformativa sessioner och utbildningar i Mother Pinetrees anda, som ger människor möjlighet att vila i tillit till sin kraft.

www.linktr.ee/miramard

## 14

# HÖGMOD GÅR FÖRE FALL

## MÅ SVALLVÅGORNA SLÅ HÖGA

De skändade hennes späda kropp, för att till slut dränkta henne under de mest brutala former en tidig vårmorgon vid Vätterns strand. De var så rädda för hennes blotta uppenbarelse, då de flesta mött hennes mystiska varglika väsen med en vit fjäder ständigt svävandes bakom hennes vänstra axel. Den påminde alla som mötte henne om ”döden” och det har man alltid vänt bort blicken ifrån och det kommer man också fortsätta att göra. Hennes klärvoajans och synskhet och hur hon med ljusets hastighet förvandlas till en orm. Sprungen ur kärlek och glädje och ändå, något skrämmande som alltid vidrörde och kom alltför nära den obehagliga och obekväma sanningen och därmed döden.

Hon var likaså alldeles för självklar och säker på sig själv, hon doftade alltför starkt och klädde sig allt igenom opassande. Sådana överdrifter har aldrig tolererats i våra samhällen och i synnerhet inte för kvinnor. Dessutom tvingades hon bevittna hur hennes kära syster Gabriella avrättades under liknande former för trettiosex månvarv sedan, ett enda år hade förflutit sedan den dagen då hon slets bort från vårt hem, bokstavligen slets ur mina armar. Gabriella doftade likaså för starkt, hennes vibration och synska förmågor var långt före sin tid precis som Ananas och alla andra medsystrars öden och kommande öden. De dödades för att de var kvinnor! Kvinnor med kunskap och visdom, vilda kvinnor med egna fria tankar. Kvinnor med egna viljor och med visioner som bar kärlek och frihet för en bättre värld och där alla ryms. De kallades för häxor, synska, trollpackor och schamanskor och man trodde att de alla var farliga. Dom kan kalla det för vad dom vill, kvinnor har dödats i alla tider för att de är och har alltid varit fria, starka, självständiga och modiga och därmed hotfulla för allt och alla.

Så hon förtjänar ändå att dö en brutal död, för att kunna återuppstå ännu en gång. Hennes starka själsljus och många liv med många erfarenheter såg med humor på detta livsöde och såg fram emot nästa liv. Farväl å du sorgliga liv, må nästa ske i skönhet. År-1777

År 1824 sammanstrålar Gabriellas och Ananas liv ännu en gång då Gabriella är mormor till Anana. Gabriella blev känd för sina gåvor som medicinkvinna och med örter som ett av sina specialområden kom människor från när och fjärran för att söka hennes hjälp. Hon gav med ödmjuk hand sina gåvor till dem som respekterade och visade ödmjukhet inför det stora arvet hon blivit given och som dessutom höll tyst om det.

Dessvärre förlorade världen Gabriella alltför tidigt, hennes kunskaper ansågs tvivelaktiga och farliga. Hon försvann en natt, blott femtiosju år gammal för att aldrig mer återfinnas. Hennes make Mikael blev änkeman från en stund till en annan. Han hade inte makten eller kraften att spegla sanningen, att fem män trängde sig in i huset och förde bort hans hustru mot den oundvikliga döden. Han återhämtade sig aldrig från denna sorg och förtvivlan och valde att avsluta sitt eget liv genom hängning. Anana hette Sally i detta liv, hon levde sitt liv i ett horhus i Texas och dödades i ett svartsjukedrama blott 33 år gammal.

Jag visste redan på ett djupare plan att jag valt att komma ner och födas in i denna familj, att jag signat upp för alla erfarenheter redan innan. Det spelar ingen som helst roll om det jag uttrycker ens stämmer, det fungerar mer än väl som "ett" förhållningssätt till livet. Vad skulle då syftena kunna vara att jag erfar allt det jag erfar?

Att jag valt allt det svåra som jag har erfarit i detta liv och tidigare? Sett ur ett större perspektiv, vad skulle det kunna finnas för större syfte att jag inkarnerat här, just nu vid denna tidpunkt i mänsklighetens historia? Min egen förståelse om detta är att det är just för att jag har upplevt mycket och inte bara överlevt utan jag har vaskat guld ur varenda erfarenhet. Jag är här för att visa på en väg som bär oss framåt mot inre och yttre frihet. Att belysa guldet som finns att vaska fram ur våra svåra upplevelser och erfarenheter. Att vara en som bryter stigmatiseringar kring olika tillstånd. Att jag kliver in i urmoderns, mormoderns nådiga energi. Att jag till slut även här böjer på nacken och följer den inre vägledningen som sällan sviker mig i livet när jag bara lyssnar.

Högmod går före fall, ja det kan jag intyga att i mitt fall har högre instanser tydligen ansett att just jag skall falla i, låt mig kalla det för rytmiska och tydliga intervaller i det här livet, och att dessutom bjuda på dessa fadäser för hela världen kan jag anse vara lite väl magstarkt.

Jag är alkoholisten som fortsatte supa trots mina tre gudomliga barn. Mamman som stundtals inte orkade leva. Den där gången när vi skulle ha lunchgäster på landet, jag var ute i trädgården och fixade i grönsakslandet och fick för mig att jag bara skulle se om jag kunde ta en liten smutt av något. Hittar en 75a sprit i frysen. Perfekt för då märker ingen något, öppnar flaskan, tar en hutt och ut igen. Inom en timma hade jag sprungit in och ut och låg till slut medvetslös i broccoli landet. Allt drama jag varit delaktig i och har skapat för att inte tala om allt drama inombords. Min känslighet i nära relationer som säkert fått både en och annan att undra. Det jag gång efter annan erfar när jag tvingas ner på knä, en djup inre gest, när livet självt griper in och visar på att jag ska fortsätta att låta det mänskliga, sårbara, starka och vackra bryta och lysa igenom. Att påvisa och göra det begripligt att vi inte bara kan överleva svårigheter, eller behöva stå ut med dom, det finns guld att vaska i allt vi är och bär. I allt som andas du och jag i alla de erfarenheter som blommar på vår livsväg. Livet är mer än bara en linjär resa , likt trädets årsringar lever vi i en cirkulär tid och energi. Här finner vi den närvaro som förenar alla tidsramar till en enda kropp. Vem har sagt att det skall vara enkelt och mainstream? Vem fan har sagt att allt skall vara så avstängt och glättigt? Det finns inga större uppvaknanden på linjär nivå eller på linjär tid, med all respekt så är det blott en början på den väv som vävs i klagans och sorgens sång. I livets alla utmaningar och därmed skörhet. I sällhetens klargröna nyanser bor tillitens många rötter som tillåter oss att tryggt sköljas genom vågornas vidunderliga och uppfriskande speglingar. Vi kommer upp pånyttfödda efter vartenda dopp och fortsätter producera de visioner som vill födas fram. Som alkemist är det viktigt att ta till vara allt guld, inte enbart det uppenbara utan också de guldkorn som ligger begravt i det svåra. Att ropa hem de själsliga bitar som saknas för att fullborda cirkeln om livet och döden. I stället för att exkludera de svåra erfarenheterna vi har, att i stället inkludera dem med hela våra hjärtan. Att tillåta oss själva att vara magiska och fantastiska och i spillror på samma gång. Det är okej att inte alltid veta vart vi är på väg eller vad fan det är som händer med oss, eller vart världen är på väg för den delen heller! Det är okej och kan till och med vara ett friskhetstecken att känna sig förvirrad. Allt det där som vi människor så djupt och instinktivt värjer för, i oss själva och andra och i världen. I de vattenspeglar som vi har runt omkring oss hela tiden, ligger sådan potential till växande, till en ökad medvetenhet kring så mycket om oss själva och världen. Det är en guldgruva att vaska hem och skörda riktiga guldklimpar ur. Det ingår i en frisk och medveten växande process, en del av evolutionen. Låt oss dansa och slå på trummor, sjunga våra intentioner till högre instanser och be om hjälp, att vi inte tillåter att denna viktiga insikt om sant växande får falla i glömska under för långa perioder.

Ännu en gång så finns Gabriella i mitt liv. Vi är kusiner denna gång och våra vägar korsas av någon förunderlig anledning just nu när livet på en kollektiv nivå och sett över en längre tid är inne i stora skiften och transformationer. Då många utav oss gått igenom kanske stora livsavgörande förändringar och händelser. Kanske har några av oss kommit ur dem helt eller är någonstans på färden i det omtumlande. Plötsligt är insikten där, intuitionen som pockade på ett längre tag vill ta sig fram för att sträcka ut en hand från många tidsåldrar tillbaka. Som de mediala medicinkvinnor vi är så blir det ett gott återseende trots att vi bara setts på begravningar de senaste decennierna och levt våra liv parallellt fast vi hade regelbundna träffar och kontakt i barndomen. Jag upplever en omedelbar och djup kontakt när vi släpper taget och möts i våra starkaste gemensamma erfarenheter. Jag syftar i synnerhet på de mediala gåvorna, de samförstånd som omedelbart uppstår i den avslappning och tillit som ligger i den cirkulära tiden och som binder samman alla tidslinjer och medvetandenivåer till ett. Till en och samma kropp, en och samma tid med ett och samma hjärta. En cirkel är på väg att slutas nu och både Gabriella och jag vet det.

Samtalen rör det viktigaste, allt annat blir bortsorterat när det dyker upp. Medvetenheten som ligger serverad mitt framför ögonen på oss är skrämmande, ändå kidnappar den oss inte på vår energinivå. Rädslan finns där och är inkluderad och vi vet båda två så väl att en del av livscirkeln släcks ner för att det nya skall födas fram. Vi vet båda två så väl att tiden och livet har sin alldeles egen rytm. Där likaså universum har sin helt egna plan eller i alla fall ett finger med i spelet, som vi inte kan tänka ut även om vi försöker. Magin att leva och dö som en fri och vild medicinkvinna är en resa genom tid och rum och likt kondoren med sina kraftfulla visioner, med fullständigt inre och yttre seende fysiskt och andligt så flyger hennes själ sin väg mot nya destinationer när det är dags.

Jag lever mer och mer i den verklighet och värld jag redan som liten flicka, på något sätt visste existerade. Jag skapar äntligen min egen verklighet om och om igen, på alla områden i mitt liv. Jag lever mer av min tid ute i vortex, en annan vibrationsnivå som finns tillgänglig för oss alla, eller som en virvel av energi som flödar ur självaste källan. Här harmonierar vi med vårt sannaste inre jag, essensen av dem vi är. Matrix, det vi kallar för den enda verkligheten och som jag mer och mer ser som illusorisk på så många plan och fantastisk såklart på så många andra sätt. Jag tar ner mina gåvor från olika tidslinjer, i denna, parallella och i samma utandning samma universum och värld som vi alla är en större eller mindre del utav. Äntligen slipper jag allt drama som uppstod i mig när jag var indragen, insugen, infödd och inprogrammerad i matrix. Storstaden släppte jag taget om och är man en högkänslig empat så passar livet på landet mycket bättre. Att ständigt ha tillgång till naturen och djurens rike är en bra grund för oss som har en stor gåva i vår känslighet. Jag erfar nu hur allt kommer samman, hur jag till slut har accepterat och kapitulerat inför det faktum att jag nu vandrar på de äldres väg vilket är hedrande. Jag kliver helt och fullt i urmoderns och mormoderns energi, jag axlar och bär min visdom och mitt ansvar att fortsätta väva av de mönster, visioner, syner och drömmar som resor till andra världar och dimensioner innebär. Det är med humor och värme som jag blickar tillbaka på mitt liv och många innerliga skratt blir det med tanke på all galenskap jag själv bidragit med här i världen. Livet är inte emot oss utan livet är för oss, alltid. Den insikten har tagit lång tid att integrera, det har varit en smått neurotisk dans kan jag intyga. I kölvattnet löses bristen på tillit varsamt upp, våra svårigheter får möjlighet att ses i nytt ljus och från en ny plats i oss själva och med kanske en helt ny förståelse till varför vi här.

Låt inte ditt förflutna eller någon annan definiera vem du är. Var för mycket! Tillåt din gudomliga känslighet och låt oss tillåta oss själva och varandra att våga hoppa ut i det okända som aldrig kommer med några garantier. Att vara mänsklig innebär att vi ramlar eller klantar oss, att vi inte förmår eller klarar av vissa saker vid vissa tillfällen i livet. Det definierar oss inte på något sätt även om andra gärna och snabbt kanske dömer. Det handlar snarare om hur tar vi hand om de obekväma passagerna och erfarenheterna. Det handlar om hur vi förvaltar och äger alla aspekter att vårt varande och våra liv. Det är genom detta som det visar sig vilka vi verkligen är. Bortom dessa mänskliga begränsningar har vi möjlighet att hitta hem, hem till den trygga boningen djupt inom oss själva. Är du som jag och har upplevt den där starka känslan av att inte passa in, att inte rymmas i någon mall, erfarenheter av utstötthet och förtryck? Kanske har du precis som jag försökt att anpassa dig bortom rimlighetens gränser ibland, rädd för att bli övergiven, anpassat dig så till den milda grad att du gång efter annan övergett dig själv och ändå inte känt att du blivit accepterad. Vi kan skatta oss lyckliga att det ej har fungerat, för inunder denna oförmåga att försöka vara som alla andra, ligger våra själar välbevarade om än kantstötta. De udda fåglarna eller den udda individen må vara utstött, den smärtan kan vara ack så svår, men i denna förunderliga resa som det är att vara människa så är detta, att ej ha lyckats anpassa oss till normer och mönster, till mallar och premierade förebilder, en stor gåva. För det för oss närmare vårt sanna jag och det för oss framåt till våra sannaste familjer. Att bli kvar där vi ej är önskade eller hör hemma är smärtsammare och svårare än att vandra ensam en tid. Genom våra erfarenheter att inte passa in finns potentialen att transcendera och växa som människa, att stärka det goda, vilda och ursprungliga inom oss. Möjligheterna att släppa de svaga och högmodiga delarna av oss själva och att göra det i oändlig kärlek och i djupaste förståelse och förlåtelse.

Vi drabbas alla av högmodets trångsynthet, den kommer i alla färger och nyanser och det är en del av att vara mänsklig. I bästa fall bryter var och en utav oss igenom vårt eget högmod och befriar inte bara oss själva utan alla de vi möter på vår väg här i livet. I högmodets efterdyningar slipas vi ner och förfinar självet samt våra personliga möjligheter och kall här på jorden. Vi tonar in på en sundare och högre vibration där den goda viljan går hand i hand med kärleken och inkluderar därmed helhetens bästa.

Det större och mer övergripande högmodet, som är mer än bara högmod, jag talar om kvinnoföraktet, kvinnoförtrycket, kvinnoskräcken och rätten att än idag 2021 fortfarande komma så lindrigt undan vad gäller mördandet av kvinnor, unga vuxna och flickebarn som sker på daglig basis över hela världen. Det är som ett fundament där staten än idag inte tar sitt fulla ansvar i dessa frågor kring kvinnoförtryck. Där staten inte enbart piskar upp detta förtryck utan bär ett stort ansvar för det som varit, är och än viktigare för framtiden. Givetvis går även detta att bryta igenom och här har vi ännu en gång på olika organisationsnivåer, precis som på den personliga nivå möjligheter att växa kollektivt och bryta dessa mönster av mörker och destruktivitet på alla nivåer som behövs.

Så tillåt svallvågorna att slå höga. Låt oss alla ödmjukas med det smärtsamma upplevelserna och erfarenheterna vi får på både på personliga och kollektiva plan/nivåer. Från dessa höga fall börjar vi leva mer autentiskt och äkta, vi släpper taget om att förminska och döma oss själva och andra. Vi

börjar förstå de gåvor som kommer med ett mer självfullt liv, där äkthet, respekt och medkänsla blir ledande kvalitéer inom oss. Det är inte bara det att vi växer på både personliga och kollektiva nivåer. Det finns en nödvändighet i att högmodet förr eller senare raseras. Inbakat i högmodet kan vi finna en rejäl dos av skuggarbete som vill lösas upp. Såsom arrogans, rädslor, dömande och fördömande som exempel. Det är en del av en frisk evolution, en frisk växande process som är oundviklig. Precis som årstidernas skiftningar, ebb och flod, död och återuppståndelse. En organisk och autentisk reningsprocess som fyller en nödvändig funktion i högmodets nedmontering.

När vi trotsigt vägrar eller av andra skäl väjer för vårt högmod så slår det alltid tillbaka till slut. Likt bumerangen som förr eller senare alltid återvänder hem igen och då gärna har en stark tendens att träffa stenhårt i nacken om det behövs. Eller stormarna som drar in från olika håll där vågorna och djupen speglar precis det som behöver bli sett och erkänt. En universell lag som går högre instans ärenden.

Det är med en ny bubblande glädje som jag kan luta mig tillbaka och konstatera en hel del. Livet är en stor gåva på så många sätt och helt jävla bedrövligt och trist på andra sätt, det kallas för livet. Vi människor är dessutom ganska komiska när allt kommer omkring och ja vi är patetiska mellan varven och det är helt okej det också. Vår bristfällighet kan i bästa fall omfamnas i den varma glädjen i att vara mänsklig och firas för varje nytt andetag i speglingar som friar och befriar.

Må högmodet falla och svallvågorna slå höga - Aho.

I kär-lek Anana

# YVONNE ANANA KVISTGAARD

Yvonne Anana Kvistgaard är en pionjär inom personlig och transpersonell utveckling.

Hon är en intuitiv rebell med kraftfulla mediala förmågor och är verksam som psykospirituell terapeut och coach. Hon vandrar på frihetens väg med transparens och integritet där hon ständigt belyser guldet som finns att finna i det svåra vi möter i livet.

Med sitt innovativa ledarskap, sina visionära styrkor och kapacitet vill hon visa världen, via egna erfarenheter att vi kan transformera i snabbare takt än vi tror och på alla plan, fysiskt, psykiskt och andligt. Detta gör henne till en magnet för alla dom som vill ha verkliga bestående inre och yttre förändringar.

Yvonne är en internationell bästsäljande författare. Hon skriver naket och ödmjukt kring sina egna erfarenheter och det guld som hon ständigt vaskar fram ur sina upplevelser. Med humor tar hon sig an världen och visar med skärpa och pricksäkerhet vägar till inre och yttre frihet.

## MED TACKSAMHET

Jag vill rikta ett stort tack till alla som vågat dela sina röster i denna kraftfulla och viktiga bok.

Förutom mina fantastiska författare så har jag några som jag vill rikta ett extra stort tack till, för att de håller energin i det nyskapande som våra plattformar ger liv till.

- **Mattias Marklund** för hans eviga kärlek, stöd och uppmuntran.
- **Charlotte Björndottor** för hennes korrektur och ordkänsla.
- **Mira Mård** för hennes ramar och tydlighet som vår internationella community manager för författarna.

Ni är så värdefulla!

Kärlek,

*Eleonor Amora*

# FRISKRIVNING

*Alla likheter med verkliga händelser eller människor, levande eller död, är bara tillfälligheter. Alla kapitel ska ses som fiktiva.*

*Alla skribenter står bara för sin egen text i sitt eget kapitel och har inget ansvar för andra enskilda författare i boken.*

*Inga metoder eller terapiformer i boken påstås kunna bota eller behandla allvarliga sjukdomar mm i enligt med den svenska Patientsäkerhetslagen (SFS 2010:659).*

www.ingramcontent.com/pod-product-compliance
Lightning Source LLC
LaVergne TN
LVHW050540160826
845677LV00011B/2114

*9789198471946*